O
TEATRO
e o seu
duplo

ANTONIN ARTAUD
O
TEATRO
e o seu
duplo

Tradução e posfácio
Jorge Henrique Bastos

ILUMI//URAS

Copyright © desta tradução e edição
Editora Iluminuras Ltda.

Título original
Le théâtre et son double

Capa e projeto gráfico
Eder Cardoso / Iluminuras
sobre *autoretrato*, Antonin Artuad, litografia

Foto do autor
por Man Ray, 1926 (página 2), Cortesia MoMA, N.Y.

Revisão
Monika Vibeskaia

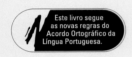

CIP-BRASIL. CATALOGAÇÃO NA PUBLICAÇÃO
SINDICATO NACIONAL DOS EDITORES DE LIVROS, RJ
A824t

    Artaud, Antonin, 1896-1948.
       O teatro e o seu duplo / Antonin Artaud ; tradução e posfácio Jorge Henrique Bastos. - 1. ed. - São Paulo : Iluminuras, 2025.
    196 p. ;21 cm.

    Tradução de: Le théâtre et son double.
    ISBN 978-65-5519-256-8

    1. Teatro francês. 2. Teatro - Discursos, ensaios e conferências. I. Bastos, Jorge Henrique. II. Título.
    25-97177.0   CDD: 842
                         CDU: 82-2(44)

    Gabriela Faray Ferreira Lopes - Bibliotecária - CRB-7/6643

2025
ILUMI//URAS
desde 1987

Rua Salvador Corrêa, 119 - 04109-070, Aclimação - São Paulo/SP - Brasil
Tel./ Fax: 55 11 3031-6161
iluminuras@iluminuras.com.br
www.iluminuras.com.br

Índice

Prefácio
O Teatro e a Cultura, 9
O Teatro e a Peste, 19
A Encenação e a Metafísica, 41
O teatro alquímico, 59
O teatro de Bali, 65
Teatro Oriental e Teatro Ocidental, 85
Extinguir as obras-primas , 93
O teatro e a crueldade, 105
O teatro da crueldade, 111
Cartas sobre a crueldade, 127
Cartas sobre a linguagem, 133
O teatro da crueldade, 155
O atletismo afetivo, 165
Duas notas, 177
O teatro de Séraphin, 185

Posfácio
ARTAUD — loucura, arte e gênio, 191

Sobre o autor
Antonin Artaud, 197
Imagens, 199
Desenhos por Antonin Artaud, 199

O TEATRO e o seu duplo

Prefácio

O Teatro e a Cultura

Agora que a vida sucumbe, nunca se vociferou tanto sobre civilização e cultura. Existe o paralelismo insólito entre a aniquilação generalizada da vida, base da desmoralização atual, e a preocupação com uma cultura que jamais se compatibilizou com a vida, na verdade a tiraniza.

Antes de prosseguir discorrendo sobre cultura, assinalo que o mundo tem fome e não se interessa pela cultura; e só de maneira dissimulada orientam-se rumo à cultura pensamentos que se direcionam apenas para a fome.

Defender uma cultura que nunca salvou um homem da preocupação de viver melhor e não ter fome, não me parece tão urgente como extrair, da chamada cultura, ideias de uma força viva que se assemelha à da fome.

Temos sobretudo a necessidade de viver e crer no que nos faz viver, em algo que nos *faz* viver; o que desponta do nosso interior enigmático não deve se parecer sempre com a preocupação grosseiramente digestiva.

Quero dizer que se a todos interessa-nos comer de imediato, muito mais nos importa não pensar só em alimentar imediatamente nossa força em ter fome.

Se a desordem é o signo dos tempos, vejo na raiz desta desordem a ruptura entre as coisas e as palavras, ideias e signos que são a sua representação.

Certamente, não faltam sistemas de pensamento; sua proporção e suas incongruências caracterizam a nossa decrépita cultura europeia e francesa, mas quando a vida, a nossa vida, foi alguma vez afetada por tais sistemas?

Não proponho que os sistemas filosóficos devam ter aplicação direta ou imediata; mas de duas uma ou estes sistemas estão em nós e nos impregnam de tal maneira que vivemos deles — o que interessa então os livros? —, ou não nos absorvem, e não conseguem nos fazer viver, neste caso, importa que desapareçam?

Há que persistir na ideia de cultura em ação, que em nós chega a se transformar como um novo órgão, um tipo de segundo espírito; a civilização é a cultura aplicada a reger os nossos atos mais sutis, o espírito presente nas coisas, e só de maneira artificial pode-se separar a civilização da cultura, empregando duas palavras para nomear a mesma e idêntica ação.

Avaliamos um civilizado pela sua conduta, pelo o que pensa da sua própria conduta; porém, na palavra civilizado há confusão; o civilizado culto é visto pelos outros como um homem que conhece sistemas, pensa de acordo com sistemas, formas, signos e representações.

É um monstro que em vez de identificar os atos com pensamentos, desenvolveu até o absurdo a nossa capacidade de induzir os pensamentos com os atos.

Se a nossa vida exige enxofre, isto é, de magia permanente, é porque preferimos contemplar nossos próprios atos, perder-nos em reflexões sobre as formas imaginadas de tais atos, não ser impulsionados por eles.

Tal capacidade é exclusiva do ser humano. Posso dizer que essa infecção do humano contamina as ideias que deveriam subsistir como ideias divinas; longe de acreditar que o homem gerou o sobrenatural, penso que a intervenção milenar do homem contribuiu para abastardar o divino.

Todas as nossas ideias sobre a vida devem transformar-se nessa época em que nada incorpora a vida. Esta cisão pungente é responsável pela vingança das coisas, e a poesia que está ausente de nós, que já não conseguimos descobri-la nas coisas, ressurge de improviso no lado maléfico das coisas; nunca se vislumbraram tantos crimes, cuja extravagância gratuita é explicada pela nossa impotência em possuir a vida.

Se o teatro foi engendrado para que nossas repressões ganhem vida, este gênero de poesia bárbara manifestada através de atos estranhos que mudam os fatos da vida, revela que a intensidade da vida prossegue intacta, e bastaria que fosse conduzida da melhor maneira.

Por mais que precisemos de magia, na essência tememos a vida que se desenvolvesse, por completo, sob a égide da genuína magia.

Dessa maneira, nossa arraigada ausência de cultura assombra-se com algumas anomalias, por exemplo, se numa ilha sem qualquer contato com a civilização atual, a mera passagem de um navio que transportasse apenas pessoas saudáveis, acabasse por provocar doenças desconhecidas lá, cujas enfermidades são especialidades dos nossos países — zona, influenza, gripe, reumatismo, sinusite, polineurite, etc.

Quando pensamos que os negros possuem odor desagradável, ignoramos que para tudo o que não é Europa somos nós, os brancos, que cheiramos mal. Afirmo até que possuímos um odor branco, tal como se pode falar de um *mal branco*.

Cabe afirmar aqui que, assim como o ferro em brasa é ferro branco, todo o excesso é branco; para um asiático a cor branca chegou a ser o sinal da mais extrema decomposição.

Por conseguinte, é possível esboçar uma ideia de cultura, que é antes de tudo um protesto.

Protesto contra a limitação insensata imposta à ideia de cultura, ao reduzi-la a uma espécie de panteão inverossímil; isso instila a idolatria da cultura, semelhante às religiões que agasalham seus deuses num panteão.

Protesto contra a ideia de cultura separada da vida, como se a cultura ocorresse de um lado e a vida de outro; como se a genuína cultura não fosse o meio requintado de compreender e *realizar* a vida.

A biblioteca de Alexandria pode ser queimada. Mas além e fora dos papiros há forças; hão de nos furtar por certo tempo a capacidade de encontrar tais forças, mas não conseguirão abolir a sua energia. Convém que as facilidades muito amplas se extingam, e as formas caiam no esquecimento; a cultura sem espaço nem tempo, restringida pela nossa capacidade nervosa, reaparecerá com força renovada. É correto que de tempos em tempos se produzam cataclismos suscetíveis de nos incitar a voltar à natureza, ou seja, a reencontrar a vida. O antigo totemismo dos animais, das pedras, dos objetos prenhes de energia, das roupagens impregnadas de essências bestiais, em breve tudo o que serve para captar, conduzir e derivar as forças serão para nós coisas mortas, de onde não há de se tirar nada senão o proveito artístico e estático, o benefício de espectadores e não de atores.

Ora, o totemismo é ator, já que se movimenta e foi criado para os atores; toda cultura verdadeira se baseia nos meios bárbaros e primitivos do totemismo, cuja vida selvagem, isto é, totalmente espontânea, eu quero admirar.

O que nos fez perder a cultura foi a nossa ideia ocidental de arte e os benefícios que açambarcamos dela. Arte e cultura não podem estar de acordo, ao contrário da exploração feita delas universalmente!

A verdadeira cultura atua segundo a exaltação e a sua força, o ideal europeu de arte deseja que o espírito adote uma atitude separada da força, mas que assista sua exaltação. É uma ideia indolente, frívola, que produz morte em breve prazo. O serpentear múltiplo da serpente Quetzacoatl é harmonioso porque exprime o equilíbrio e as flutuações de uma força adormecida; a intensidade das formas ocorre ali para seduzir e capturar a força que gera, na música, o acorde lastimoso.

Os deuses adormecidos nos museus; o deus do fogo com o seu incensário similar a trípode da inquisição; Tlaloc, um dos inúmeros deuses das Águas, na muralha de granito verde; a Deusa mãe das Águas, a Deusa mãe das Flores; a expressão imutável e sonora da Deusa do vestido de jade verde, sob a cobertura de várias camadas de água; a expressão arrebatada e benévola, o rosto fulgurante de aromas, com átomos solares que rodopiam em redor da Deusa mãe das Flores; esta espécie de servidão obrigada de um mundo onde a pedra é animada porque foi golpeada da maneira certa, o mundo dos homens organicamente civilizados, ou seja, com órgãos vitais que abandonam o seu repouso, o mundo humano nos penetra, participa da dança dos deuses, sem voltar o olhar para trás, ou se transformaria, como nós, em estéreis estátuas de sal.

No México, pois se trata deste país, não há arte, as coisas adaptam-se. O mundo existe em permanente exaltação.

Sobre nossa ideia de arte estática e indiferente, uma cultura genuína contrapõe a sua concepção mágica e violentamente egoísta, isto é, arrebatada. Os mexicanos captam o *Manas*, as forças adormecidas em todas as formas, que não se libertam se as contemplamos dessa maneira, surgem para a vida se as identificamos magicamente com tais formas. Eis os antigos totens para acelerar a comunicação.

Quando tudo nos impele para a letargia, observamos com olhos fixos e lúcidos, é difícil despertar e olhar como num sonho, com olhos que não sabem já para que servem, um olhar que se voltou para o interior.

Dessa maneira, se desvenda a ideia insólita de uma ação desinteressada, mais violenta ainda porque permanece junto à tentação do repouso.

Toda efígie verdadeira possui a sombra que a duplica; a arte entra em decadência a partir do instante em que o escultor acredita liberar um gênero de sombra, cuja existência aniquilará o seu próprio repouso.

Como toda cultura mágica se expressa por hieróglifos adequados, o autêntico teatro também possui sombras; e, entre todas as linguagens e as artes, o teatro é o único cujas sombras romperam as próprias limitações. Dir-se-ia que, desde o início, as sombras não toleravam qualquer restrição.

Nossa ideia petrificada de arte se acrescenta à ideia petrificada de uma cultura sem sombras, e não interessa para que lado se movimente, nosso espírito encontrará só o vazio, enquanto o espaço está cheio.

Mas o teatro verdadeiro, já que se movimenta e usa instrumentos vivos, continua a agitar sombras que a vida sempre encontrará. O ator que não repete duas vezes o gesto, mas gesticula, se mexe, e decerto maltrata as formas, detrás de tais formas e pela sua destruição recupera aquilo que sobrevive às formas e as faz continuar.

O teatro que não está em nada, que se vale de todas as linguagens; gestos, sons, palavras, fogo, gritos, torna a encontrar o seu caminho no exato ponto em que o espírito, para se manifestar, sente falta de uma linguagem.

A fixação do teatro numa linguagem — palavras escritas, músicas, luzes, ruídos — indica a sua ruína a breve prazo, pois a opção de uma linguagem revela certo gosto por efeitos artificiais dessa linguagem; a aridez da linguagem acompanha sua esterilidade.

O problema, tanto para o teatro como para a cultura, é o de nomear e dirigir sombras; o teatro que não se afirma na linguagem nem nas formas, destrói assim as sombras falsas, pavimenta o caminho para outro nascimento de sombras, ao seu redor se reúne o genuíno espetáculo da vida.

Destruir a linguagem para atingir a vida é criar ou recriar o teatro. O determinante não é supor que tal ato deva ser sempre sagrado, isto é, reservado; o importante é crer que não é qualquer um que pode fazê-lo, é necessário preparação.

Acreditar-se-ia num sentido de vida renovado pelo teatro, em que o homem assuma de maneira destemida o que ainda não existe, e faça isso nascer. Tudo o que não nasceu poderá nascer ainda, se nos contentarmos, como até agora, a ser meros instrumentos de registro.

Por outro lado, quando pronunciamos a palavra *vida*, entender-se-á que não falamos da vida tal como ela se revela a nós, na superfície dos fatos, mas nessa espécie de centro débil e agitado que as formas atingem. Se há ainda algo de infernal e genuinamente maldito no nosso tempo, é a complacência artística com que nos detemos nas formas, em vez de ser como homens condenados ao castigo do fogo, que lançam sinais de cima das suas fogueiras.

O Teatro e a Peste

Os arquivos da pequena Cagliari, na Sardenha, preservam a relação de um fato histórico extraordinário.

Numa noite do final de abril ou princípio de maio de 1720, a cerca de vinte dias antes que o buque Grand-Saint-Antoine chegasse em Marselha, coincidindo com a fantástica explosão da peste de que se tem memória naquela cidade, o vice-rei da Sardenha, Saint Rémys, a quem as reduzidas responsabilidades monárquicas haviam sensibilizado quiçá ao mais pernicioso dos vírus, teve um sonho peculiarmente lastimável; viu-se atacado pelo mal e os estragos da peste naquele Estado minúsculo.

Sob a ação do flagelo as formas sociais se desintegram. A ordem declina. O vice-rei presencia toda a derrocada da moral, os desastres psicológicos; ouve o murmúrio dos seus próprios humores; os seus órgãos lacerados, na vertiginosa perda de matéria, se adensam, metamorfoseiam lentamente em carvão. Seria muito tarde para conjurar o flagelo? Ainda que destruído, mesmo arruinado e organicamente pulverizado, consumido até as entranhas, tem consciência que não se morre nos sonhos, que a vontade opera no absurdo, mesmo na negação do possível, até essa transmutação da mentira em que se pode recriar a verdade.

Ele desperta. Saberá mostrar-se capaz de afastar os rumores sobre a praga e os miasmas do vírus vindo do Oriente.

Um barco que zarpou há um mês de Beirute, o Grand-Saint-Antoine, solicita permissão para atracar em Cagliari. O vice-rei dá então a ordem tresloucada, ordem que o povo e a corte consideram irresponsável, absurda, estúpida e tirânica. Envia em seguida para o barco alguns homens com a ordem para que o Grand-Saint-Antoine volte e se distancie a toda vela da cidade, ou será afundado com tiros de canhão. Guerra contra a peste. O déspota não perderá tempo.

Convém sublinhar a força peculiar com que este sonho influenciou o vice-rei, ainda que pese os sarcasmos da multidão e o ceticismo dos cortesãos, isso lhe permitiu obstinar-se no ímpeto das suas ordens, deixando de lado o direito das pessoas, e até o mais elementar respeito pela vida humana e todo tipo de convenções nacionais ou internacionais que já não interessam nada perante a morte.

Seja como for, o barco seguiu sua rota, chegou a Livorno e entrou no porto de Marselha, onde foi autorizado desembarcar.

As autoridades de Marselha não registraram o que aconteceu com a carga pestífera. Contudo, sabe-se alguma coisa sobre a tripulação; os que não morreram de peste, se dispersaram por distintos lugares.

O Grand-Saint-Antoine não levou a peste para Marselha, já estava lá e, num período de recrudescimento, já se conseguira localizar os focos.

A peste transportada pelo Grand-Saint-Antoine era a peste do Oriente, o vírus original, com a chegada do vírus e a sua difusão pela cidade começa o período particularmente cruel e generalizado da epidemia.

Isto desperta algumas reflexões.

A peste, que parece reativar o vírus, podia por si só provocar estragos virulentos; de toda a tripulação, só o capitão não contraiu a peste. Por outro lado, não parece que os novos infectados tivessem estado em contato com outras pessoas, que viviam em zonas encerradas. O Grand-Saint-Antoine, que passou perto de Cagliari, na Sardenha, não deixara a peste lá; mas o vice-rei colheu algumas emanações dela, pois não se pode negar que entre a peste e ele não houve comunicação ponderável, ainda que sutil, e é muito fácil atribuir a propagação da doença similar ao contágio pelo simples contato.

Tais relações entre Saint Rémys e a peste, muito intensas a ponto de se propagar em imagens de sonho, não tinham força para provocar o surgimento da doença.

De qualquer maneira, a cidade de Cagliari ao tomar conhecimento, pouco depois que o navio afastado das suas costas pela vontade despótica do príncipe, que era iluminado, provocara a grande epidemia de Marselha, e registrou o fato em seus arquivos, e qualquer um pode ver hoje.

A peste de 1720, em Marselha, nos proporcionou as únicas descrições médicas do flagelo.

Porém, urge inquirir se a peste descrita pelos médicos de Marselha era de fato a mesma de 1347, ocorrida em Florença, que inspirou o *Decamerão*. A história, os livros sagrados, entre eles a Bíblia, e alguns remotos tratados de medicina, descrevem de maneira externa todo tipo de pestes, sem atentar tanto aos sintomas mórbidos do que aos efeitos desmoralizadores e prodigiosos que causaram nas vítimas.

Tinham provavelmente razão. A medicina teria discrepâncias para estabelecer a diferença de fundo entre o vírus que ceifou Péricles diante de Siracusa — supondo que a palavra *vírus* seja algo além da conveniência verbal — e o que manifesta a sua presença na peste descrita por Hipócrates que, segundo tratados médicos recentes, é uma espécie de falsa peste. Conforme tais tratados, só seria genuína a peste do Egito, surgida nos cemitérios descobertos com a seca do Nilo. A Bíblia e Heródoto concordam em assinalar o surgimento fulgurante de uma peste que dizimou numa noite cento e oitenta mil homens do exército assírio, salvando o império egípcio. Se o fato for verdadeiro, o flagelo seria o instrumento direto ou a materialização de uma força inteligente, ligada intimamente ao que chamamos fatalidade.

E isso com ou sem exército de ratos que naquela noite atacou as tropas assírias, cujos arreios foram roídos em poucas horas. Comparar-se-ia este fato com a epidemia que se alastrou em 660 a.C., na cidade sagrada de Mekao, no Japão, durante uma simples mudança de governo.

A peste da Provença, em 1502, que propiciou a Nostradamus a oportunidade de empregar pela primeira vez os seus poderes de cura, coincidiu também com a ordem política nesses transtornos — a queda ou mortes de reis, o desaparecimento e a destruição de províncias, sismos, fenômenos magnéticos de toda espécie, êxodos de judeus — que antecipam ou seguem a ordem política ou cósmica dos cataclismos ou aniquilamento provocados por pessoas muito ignaras para prever os efeitos, e nem tanto perversas a ponto de desejá-los.

Sejam quais forem as imprecisões dos historiadores ou dos médicos sobre a peste, acredito ser possível aceitar a ideia de uma enfermidade que fosse uma espécie de entidade psíquica, que não dependesse de um vírus. Se analisarmos à minúcia os casos de contágio que a história nos faculta, seria difícil isolar um só exemplo real e comprovado de contágio por contato, o exemplo de Boccaccio sobre porcos que morreram ao focinhar lençóis que cobriam infectados, basta apenas para evidenciar um gênero de correlação misteriosa entre o porco e a natureza da peste, correlação que deveria ser investigada de forma detida.

Embora não haja o conceito de uma verdadeira entidade mórbida, existem formas que o espírito acataria de maneira provisória como características de certos fenômenos, dir-se-ia que o espírito aceitaria a peste delineada como se segue.

Antes de qualquer mal-estar físico ou psicológico demasiado perceptível, o corpo surge coberto por manchas vermelhas, que o doente acaba por perceber só quando começa a escurecer. Terá tempo apenas de espantar-se, a cabeça já estará fervendo, pesada e acabará por desmaiar. Uma fadiga terrível se apodera dele, fadiga oriunda da sucção magnética central, de moléculas divididas e arrastadas para a letargia. Sentirá os humores enlouquecidos, em desordem, atravessando a carne. Terá enjoo no estômago, sentindo como se as entranhas fossem sair pela boca. O pulso míngua como se fosse a sombra do que era, outras vezes galopa acompanhando o fervor da febre interior, a torrente extraviada do espírito. O pulso segue as batidas céleres do coração, cada vez mais intensas, deletérias; os olhos avermelhados, inflamados, e em seguida com o aspecto vítreo; a língua inchada, primeiro branca, depois escura, como que rachada, carbonizada, tudo sugere uma tempestade orgânica invulgar. Em seguida os humores corporais procuram a saída, tal a Terra sulcada por raios, como a lava comprimida por tormentas subterrâneas. No centro das manchas despontam sinais ardentes, em redor da pele se erguem bolhas como borbulhas de ar sob a superfície da lava, tais borbulhas criam círculos, e no exterior, como um anel de Saturno incandescente, rebenta o limite extremo de um caroço.

O corpo fica vincado por caroços. Mas assim como os vulcões possuem seus locais preferidos na Terra, os caroços elegem certos pontos do corpo humano. Em torno do ânus, nas axilas, nos lugares especiais onde as glândulas ativas desempenham suas funções, aí os caroços brotam; o organismo descarrega nestes pontos a sua podridão interior e, às vezes, a vida. Na maior parte dos casos, a conflagração violenta e limitada indica que a vida central não perdeu a força e basta aguardar a remissão do mal ou a cura. Como o cólera branco, a peste mais terrível é a que não revela seus sintomas.

Após ser aberto, o cadáver do infectado não revela lesões. A vesícula biliar, que filtra os resíduos pesados e inertes do organismo, está intumescida, cheia de líquido escuro e viscoso, tão denso que parece uma matéria nova. O sangue das artérias, também tornou-se escuro e viscoso. A carne mostra a solidez da pedra. Nas superfícies interiores da membrana estomacal, dir-se-ia que foram abertas inúmeras fontes de sangue. Tudo aponta para o caos fundamental das secreções. Contudo, não há perda nem destruição de matéria, como na lepra ou a sífilis. Os intestinos, onde acontecem as desordens mais sangrentas, e a matéria atinge um grau assombroso de putrefação e petrificação, não são afetados organicamente. A vesícula biliar, de onde o pus deve ser extraído com uma faca, tal como ocorria em certos sacrifícios humanos, está hipertrofiada e endurecida em certos pontos, mas intacta, sem faltar alguma parte, sem lesão visível, sem perda de matéria.

Em determinados casos, os pulmões e o cérebro afetados escurecem e gangrenam. Os pulmões, amolecidos, se desfazem em lâminas de matéria escura e desconhecida; o cérebro se funde e encolhe, se desmancha num gênero de pó negro como o carvão.

Sobre tais fatos, convém perceber duas observações importantes; a primeira, que na peste, às vezes, o cérebro não gangrena nem os pulmões, que o infectado está perdido, embora nenhum dos membros apodreçam. Sem subestimar a natureza da peste, pode-se afirmar que o organismo não exige a presença de uma gangrena localizada e física para decidir morrer.

A segunda observação, os únicos órgãos que a peste ataca e de fato destrói, o cérebro e os pulmões, dependem diretamente da consciência e da vontade. Podemos deixar de respirar ou pensar, acelerar a respiração, alterar o ritmo, torná-la consciente ou inconsciente, introduzir o equilíbrio entre os modos de respirar; o automático, sob a direção do sistema simpático, e o outro, governado pelos reflexos conscientes do cérebro.

Também podemos acelerar, moderar, instilar um ritmo arbitrário no pensamento. Pode-se regular o jogo inconsciente do espírito. Mas não podemos dirigir o fígado que filtra os humores, nem o coração e as artérias que redistribuem o sangue, ou intervir na digestão, deter ou precipitar a eliminação das matérias do intestino. A peste parece manifestar a sua presença afetando pontos do corpo, os pontos físicos particulares e que revelam, ou estão em ponto de manifestar-se, a vontade humana, o pensamento e a consciência.

Em 1880 e tantos, um médico francês chamado Yersin, que trabalhava com cadáveres da Indochina, mortos por causa da peste, isolou um destes vermes com cabeça redonda e cauda curta, só vistos através de microscópio, e batizou-o de micróbio da peste. Segundo penso, este micróbio não é mais do que um elemento material menor, infinitamente ínfimo, que aparece em algum momento do desenvolvimento do vírus, mas não chega a explicar a peste. Agradar-me-ia que esse médico dissesse por que todas as grandes pestes, com ou sem vírus, duram cinco meses, e logo perdem a virulência; e como aquele embaixador turco que passou pelo Languedoc, no final de 1720, e traçou uma linha imaginária que atravessava Avignon e Toulouse, ligando Nice e Bordéus, e indicava os limites geográficos da tragédia. E os fatos deram-lhe razão.

Eclode disto tudo a fisionomia espiritual de um mal com leis difíceis de provar cientificamente, e uma origem geográfica que seria atarantado tentar definir, pois a peste do Egito não é a do Oriente nem a de Hipócrates, tampouco é de Siracusa, da Florença, a Negra, responsável pelos cinquenta milhões de mortos na Europa medieval. Ninguém pode explicar por que a peste aniquila o covarde que foge e preserva o cúpido que se refestela sobre os cadáveres; por que o distanciamento, a castidade, a solidão são importantes contra os agravos do flagelo, e por que um específico grupo de dissolutos, isolados no campo, como Boccaccio com dois amigos, bem aprovisionados, e com sete mulheres luxuriosas devotas, pode esperar em paz os dias mornos em que a peste se retira; por que num castelo nas proximidades, transformado em cidadela encastelada, com uma fileira de homens de armas que impede a entrada, a peste transforma a guarnição e todos os ocupantes em cadáveres, preservando os homens armados, os únicos expostos ao contágio. Quem há de explicar por que o cordão sanitário, reforçado por tropas, que Mehmet Ali estabeleceu no final do século passado, por ocasião do agravamento da peste egípcia, protegeu com eficácia os conventos, as escolas, prisões e palácios, e por que na Europa medieval, em locais sem qualquer contato com o Oriente, estouraram inúmeros focos de uma peste com todos os sintomas característicos da peste oriental.

É com tais aspectos insólitos, misteriosos, com contradições e sintomas que poderemos delinear a fisionomia de um mal que deteriora o organismo e a vida até a ruptura e o espasmo, como uma dor que à medida que aumenta e se aprofunda, multiplica os seus recursos e todos os níveis da sensibilidade.

Contudo, com esta liberdade espiritual que se desenvolve a peste, sem ratos, micróbios e contatos, deduz-se a ação absoluta e sombria de um espetáculo que tentarei analisar.

Quando a peste se estabelece numa cidade, os quadros regulares sucumbem. Ninguém trata das ruas; não há polícia, exército nem poderes municipais; as fogueiras para incinerar os corpos são acesas ao léu, com qualquer coisa disponível. Todas as famílias querem fazer a sua. Então a madeira começa a escassear, há menos espaço e as famílias brigam em redor das chamas, e por fim todos fogem, pois os cadáveres se multiplicam. Os mortos começam a obstruir as ruas, em pilhas de ruínas que os animais roem. O odor fétido evola tal uma chama. O amontoado de mortos bloqueia ruas inteiras. Então as casas se abrem e os infectados em delírio uivam pelas ruas com o peso de visões terríveis. O mal que fermenta nas vísceras e circula pelo organismo se liberta em explosões cerebrais. Outros infectados sem bubões, lúcidos, sem dores ou erupções, entreolham-se com orgulho nos espelhos, sentindo que estão saudáveis, mas tombam mortos com bacias nas mãos, repletos de desprezo pelas outras vítimas.

Pelos riachos sangrentos, espessos, repugnantes, cor de agonia e ópio, que rebentam dos cadáveres, passam estranhos personagens vestidos de cera, com narizes protuberantes e olhos de vidro, equilibrando-se numa espécie de tamancos japoneses, com bases duplas dispostas, umas horizontais, no formato de sola, e outras verticais, que os isolam dos humores infectos; e cantam litanias bizarras que não impedem de cair sobre as brasas. Tais médicos ignorantes só conseguem exibir o seu temor e a frivolidade.

A escória da povoação, aparentemente imunizada pela fúria da cobiça, invade as casas abertas e rouba as riquezas, embora tenha consciência de que não poderá gozá-las. Neste instante, nasce o teatro. O teatro, isto é, a gratuidade premente que motiva atos inúteis e sem proveito.

Os sobreviventes se exasperam, o filho, até então submisso e honrado, mata o pai; o casto sodomiza os parentes. O luxurioso torna-se puro. O avaro lança ouro pela janela. O herói guerreiro incendeia a cidade que noutra época salvara arriscando a própria vida. O elegante se adorna e vai deambular pelos ossários. Nem a ideia da ausência de sanções nem a de morte iminente, bastam para motivar atos tão gratuitos e absurdos e gente que não acreditava que a morte pudesse acabar com tudo. Como explicar esse ampliar da febre erótica nos doentes já curados que, em vez de fugir, permanecem na cidade, tentando arrancar uma volúpia criminosa dos moribundos ou dos mortos, quase esmagados sob a pilha de cadáveres onde o acaso os colocou.

Mas se é preciso um flagelo onipotente para revelar a gratuidade exaltada, o flagelo se chama peste, e talvez possamos determinar então o valor dessa gratuidade em relação à nossa personalidade total. O estado do infectado, que falece sem destruir a matéria, com todos os estigmas do mal absoluto e quase abstrato, é similar ao do ator, penetrado completamente por seus sentimentos que não ajudam nem tem relação com a sua genuína condição. Tudo se mostra no aspecto físico do ator, como no do infectado, que a vida reagiu até o paroxismo. Entretanto, nada aconteceu.

Entre o infectado que corre aos gritos perseguindo suas visões, e o ator no encalço dos seus sentimentos, entre o homem que cria personagens que nunca imaginara sem a praga e os forja entre o público de cadáveres e lunáticos delirantes, e o poeta que inventa personagens de maneira intempestiva e os oferece a um público igualmente estático ou delirante, existem outras analogias que confirmam as únicas verdades que interessam aqui, e situam a ação do teatro, como a da peste, no plano da verdadeira epidemia.

Tal como as imagens da peste, em relação com o estado potente de desorganização física, são como os derradeiros obstáculos da força espiritual que se esgota, as imagens da poesia no teatro são a força espiritual que começa o seu trajeto no sensível e prescinde da realidade. Quando lançado no furor da sua tarefa, é preciso muito mais coragem ao ator para resistir a cometer um crime, do que ao assassino para completar o seu ato; é aqui, nesta mesma gratuidade, onde a ação do sentimento no teatro surge como infinitamente mais válida do que a do sentimento realizado.

Mesmo comparando com a fúria do assassino, que se esgota em si mesma, a do ator trágico se mantém nos limites do círculo perfeito. A fúria do assassino completa o ato, se descarrega e perde o contato com a força inspiradora, que não o alimentará mais. A fúria do ator adquiriu uma forma que nega a si mesma, na medida que se liberta e se dissipa na universalidade.

Se aceitamos essa imagem espiritual da peste, descobrimos nos humores do infectado o aspecto material da desordem que, noutros planos, equivale aos conflitos, às lutas, aos cataclismos e desastres que deparamos na vida. Assim como não é impossível que o desespero impotente e os gritos de um alucinado no asilo cheguem a provocar peste, pela reversibilidade de sentimentos e imagens, admite-se também que os fatos exteriores, os conflitos políticos, os cataclismos naturais, a ordem da revolução e a desordem da guerra, transpostos para o plano do teatro, se descarreguem na sensibilidade do espectador com a fúria de uma epidemia.

Santo Agostinho, em *A Cidade de Deus*, lamenta esta semelhança entre a ação da peste que mata sem destruir os órgãos, e o teatro, que, sem matar, provoca no espírito, não no espírito de um indivíduo, mas no de um povo, as mais enigmáticas transformações.

"Sabei", diz ele, "vós que o ignorais, que tais representações, esses espetáculos pecaminosos não foram estabelecidos em Roma por vícios dos homens, mas por ordem de vossos deuses. Seria mais procedente render honras divinas a Cipião[1] do que a deuses semelhantes; não valiam porventura o pontífice que tinham!

Para aplacar a peste que ceifava os corpos, vossos deuses reclamaram que os honrassem com esses espetáculos, e vosso pontífice, tentando evitar a peste que corrompe as almas, proíbe até a construção de cenários. Se lhes restai uma migalha de inteligência e preferis a alma ao corpo, vislumbrai quem deveis reverenciar; pois a astúcia dos espíritos malignos, a prever que o contágio corporal cessaria, aproveitara a ocasião para introduzir um flagelo ainda mais perigoso, que não ataca o corpo, mas os costumes. Com efeito, tal é a cegueira,

---

[1] Cipião Násica, pontífice que mandou aterrar os teatros de Roma.

a corrupção que os espetáculos produzem na alma, e nestes últimos tempos gentes que escaparam do saque de Roma e se refugiaram em Cartago, a quem domina esta paixão funesta, estavam todos os dias no teatro, a delirar com os histriões."

É inútil procurar uma explicação precisa para este delírio contagioso. Valeria mais a pena investigar por que motivos o sistema nervoso responde, ao fim de certo tempo, às vibrações da música mais sutil, até que tais vibrações o transformam de maneira perene. Antes de tudo, convém admitir que, como a peste, o teatro é um delírio e é contagioso.

O espírito crê no que vê e faz o que acredita; tal é o segredo do fascínio. O texto de Santo Agostinho não nega em nenhum momento a realidade deste fascínio.

Contudo, é preciso redescobrir certas condições para engendrar no espírito o espetáculo suscetível de fasciná-lo e isso não é só um tema que concerne à arte.

O teatro é como a peste e não apenas porque afeta comunidades importantes e perturba-as em idêntico sentido. Há, no teatro como na peste, algo vitorioso e vingativo, em simultâneo. Advertimos explicitamente sobre a conflagração espontânea que a peste provoca não é mais do que uma enorme liquidação.

Um desastre social tão generalizado, uma desordem orgânica tão misteriosa, esse transbordamento de vícios, o exorcismo total que assombra a alma e a leva até os últimos limites, indicam a presença de um estado que apresenta uma força extrema, em que se descobrem todos os poderes da natureza, no momento em que está para se cumprir algo essencial.

A peste capta imagens adormecidas, a desordem latente, ativa-as e em seguida transforma-as em gestos mais extremos; o teatro também captura os gestos e os conduz até o paroxismo. Como a peste, refaz a corrente entre o que é e o que não é, entre a possibilidade virtual e o que já existe na natureza materializada. Redescobre a noção das figuras e dos arquétipos, que operam como golpes de silêncio, pausas, intermitências do coração, excitações de linfa, imagens inflamatórias que invadem a mente e subitamente desperta. O teatro nos restitui os conflitos adormecidos em nós, com todos os poderes e instila nestes poderes nomes que saudamos como símbolos; e aqui diante de nós se desenvolve uma contenda de símbolos, lançados uns contra os outros num embate impossível; pois só haverá teatro a partir do momento em que o impossível de fato começa, quando a poesia da cena nutre e abrasa os símbolos produzidos.

Tais símbolos, signos de energias maduras, presas até esse momento e inutilizáveis na realidade, explodem em imagens incríveis, que concedem direitos cidadãos e de existência a atos que são hostis por natureza à vida das sociedades.

A genuína peça de teatro transtorna o repouso dos sentidos, liberta o inconsciente reprimido, incita um gênero de rebelião virtual que, por outro lado, só exerce o seu efeito permanecendo virtual, e impõe à comunidade uma atitude heroica e dificultosa.

É assim que assistimos estupefatos, em *Annabella* de Ford[2], logo que as cortinas se abrem, o espetáculo de um ser que reivindica aviltantemente o incesto, empregando todo o vigor da sua consciência e da sua juventude para proclamar e fundamentar essa reivindicação.

Não titubeia nem um instante, não duvida nenhum momento; revela assim que pouco interessa os obstáculos que poderia surgir contra ele. É um criminoso com heroísmo e heroico com audácia e ostentação. Tudo pressiona-o nesse sentido, e ateia o seu entusiasmo; não reconhece terra nem céu, só a força da sua paixão convulsiva, à qual não deixa de responder a paixão também rebelde e heroica de Annabella.

"Choro — diz Annabella —, não por remorso, mas porque temo não poder saciar a minha paixão." Ambos são falsificadores, cavilosos, mentirosos, em benefício da paixão sobre-humana que as leis impedem e condenam, mas que passarão por cima das leis.

Vingança por vingança e crime por crime. Quando vemo-los ameaçados, acossados, perdidos, e à beira de nos compadecer deles, quando se revelam dispostos a devolver ao destino ameaça por ameaça e golpe por golpe.

---

[2] *Tis Pity She's a Whore, Pena que ela seja puta,* peça do dramaturgo inglês, John Ford, publicada em 1633. Artaud refere-se à versão de Maeterlinck, que estreou no teatro L'Oeuvre, em 1894.

Seguimos com eles, de excesso em excesso, de reivindicação em reivindicação. Annabella é presa, convicta do adultério, do incesto; é pisoteada, insultada, arrastada pelos cabelos, e descobrimos que em vez de tentar fugir, ela instiga ainda mais o seu carrasco cantando num gênero de heroísmo obstinado. Trata-se do absoluto da rebelião, é o amor exemplar e sem trégua; e nós, os espectadores, suspiramos angustiados perante a ideia de que nada poderá detê-la.

Se ansiamos por um exemplo de liberdade absoluta na rebelião, *Annabella* de Ford nos oferece este exemplo poético, unido à imagem de perigo total.

E quando pensamos ter chegado ao paroxismo do horror, do sangue, das leis escarnecidas, da poesia consagrada à revolta, vemo-nos obrigados a ir mais longe, numa vertigem interminável.

Mas, por fim, há de vir a vingança e a morte para tanta audácia e um crime arrebatador.

Portanto, não. Giovanni, o amante, inspirado pela paixão de um grande poeta, situar-se-á acima da vingança, acima do crime com outro crime, indescritível e apaixonado; por cima da ameaça, acima do horror, com o horror maior a confundir por sua vez as leis, a moral que se arroga a ser justiceira.

Urdem de maneira engenhosa uma trama, um lauto banquete; entre os convidados se escondem guardas e espadachins, prontos para lançarem-se sobre ele ao primeiro sinal. Mas este herói fatigado, perdido, a quem o amor ampara, não permitirá que ninguém condene este amor.

Querem, parece dizer, a carne e o sangue do meu amor; e serei eu a jogar este amor na cara, quem salpicará com o sangue deste amor cuja altura não são capazes de erguer.

E mata o seu amante e arranca-lhe o coração como que para comê-lo, entre um banquete onde era ele mesmo a quem os convidados esperavam devorar.

E antes de ser executado, assassina também o seu rival, o marido da sua irmã, que ousou interpor-se entre ele e o seu amor, e o esmaga num combate final num espasmo de agonia.

Como a peste, o teatro é uma fantástica invocação dos poderes que conduzem ao espírito, através do exemplo, à própria fonte dos seus conflitos. O exemplo passional de Ford, óbvio, não é senão o símbolo da tarefa superior e absolutamente essencial.

A aterradora aparição do Mal que nos mistérios de Elêusis decorriam na sua forma pura verdadeiramente revelada, corresponde à hora sombria de algumas tragédias antigas que todo teatro genuíno deve reencontrar.

O teatro essencial assemelha-se a peste, não porque seja também contagioso, mas porque, como esta, é a revelação, a manifestação, a exteriorização de um fundo de crueldade latente, através dele se detectam no indivíduo ou num povo todas as possibilidades cruéis do espírito.

Como a peste, o teatro é o tempo do mal, o triunfo das forças obscuras, nutridas até a extinção por uma força ainda mais profunda.

Há nele, como na peste, uma espécie de sol insólito, uma luz de intensidade anômala, em que o difícil, e até o impossível, se transformam logo no elemento trivial. E os raios deste sol insólito iluminam todo o teatro verdadeiramente legítimo. *Annabella* se parece à liberdade da peste quando, aos poucos, de escala em escala, o agonizante dilata seu personagem, e o sobrevivente se transforma aos poucos no ser enorme e pesado.

Dir-se-ia agora que toda genuína liberdade é sombria, confunde-se de maneira infalível com a liberdade do sexo, que é também obscura, embora não saibamos bem por quê. Há muito tempo, o Eros platônico, o sentido genésico, a liberdade da vida, desapareceram sob o verniz sombrio da libido, que hoje se identifica com o sórdido, o abjeto, o fato infame de viver e se lança sobre a vida com o vigor natural e impuro, a força sempre renovada.

Por isso todos os grandes Mitos são obscuros, é impossível imaginar, exceto numa atmosfera de matança, de tortura, de sangue derramado, tais fábulas magníficas que relatam à multidão a primeira matança de essências que surgiram na criação.

O teatro, como a peste, foi criado à imagem deste massacre, da separação essencial. Desfaz os conflitos, liberta forças, desencadeia possibilidades, e se tais possibilidades e forças são obscuras, não são a peste ou o teatro os culpados, mas a vida.

Não vemos que a vida, tal como é e tal como ela foi criada, oferece demasiados motivos de exaltação.

Dir-se-ia que é como se através da peste se esvaziasse coletivamente um gigantesco abcesso, tanto moral como social; e que o teatro, como a peste, fora criado para drenar coletivamente tais abcessos.

Talvez o veneno do teatro, injetado no corpo social, o desintegre, como diz Santo Agostinho; mas em todo caso atua como a peste, um látego vingador, uma epidemia redentora onde em tempos de credulidade se quis vislumbrar a mão de Deus, e é apenas a aplicação da lei natural — todo gesto se compensa com outro gesto, toda ação com a sua reação.

O teatro, como a peste, é uma crise que se resolve com a morte ou a cura. A peste é um mal superior porque é uma crise total, que só acaba com a morte ou a purificação extrema. Também o teatro é um mal, pois é o equilíbrio supremo que não se alcança sem destruição. Convoca o espírito ao delírio que exalta as energias; pode-se advertir que do ponto de vista humano a ação do teatro, como a da peste, é benéfica, pois ao impulsionar os homens que se vejam tal como são, faz cair a máscara, descobre a mentira, a fragilidade, o servilismo, a hipocrisia do mundo, abala a inércia asfixiante da matéria que invade até os testemunhos mais límpidos dos sentidos; e revelando às comunidades seu obscuro poder, a sua força oculta, convoca-as a assumir, diante do destino, uma atitude heroica e superior, que nunca alcançaria de outro modo.

O problema que agora se mostra é saber se neste mundo que desmorona, que se suicida sem saber, encontrar-se-á um núcleo de homens capazes de impor esta ideia superior de teatro, homens que hão de restaurar para todos nós o análogo natural e mágico dos dogmas em que já não acreditamos.

A Encenação e a Metafísica

Há no Louvre uma pintura de um primitivo, não sei se conhecido ou não, mas que nunca representará um período importante da história da arte. Este primitivo chama-se Lucas Van den Leiden, depois dele, em minha opinião, os quatrocentos ou quinhentos anos de pintura seguintes são insustentáveis e inúteis. A tela que faço referência é *As filhas de Lot*, tema bíblico em voga naquela época. Por certo que na Idade Média não compreendiam a Bíblia, tal como a compreendemos agora, e este quadro é o exemplo curioso das deduções místicas que a Bíblia pode inspirar. O seu aspecto confrangedor é visto de longe; afeta o espírito com um gênero de harmonia visual fulminante, isto é, com a intensidade absoluta que se organiza diante do primeiro olhar. Antes de ver do que se trata, pressente-se que acontece algo de extraordinário ali, dir-se-ia que a tela comove o ouvido ao mesmo tempo que o olho.

Parece que se concentrou um drama de suma importância intelectual, como a repentina concentração de nuvens que o vento, ou a fatalidade muito mais direta, reuniu os relâmpagos em confronto.

Com efeito, o céu do quadro é negro e carregado, porém, antes de dizer que o drama brotou no céu e acontece no céu, a luz peculiar da tela, a confusão das formas, a impressão geral, tudo revela uma espécie de drama da natureza, e eu desafio qualquer artista dos grandes períodos da pintura que nos mostre algo equivalente.

Uma tenda está erguida à beira-mar, Lot está sentado diante dela, com uma armadura e a bela barba ruiva, observa as filhas a brincar, como se assistisse um festim de prostitutas.

Com efeito, essas mulheres se pavoneiam, umas como mães de família, outras como amazonas que se penteiam e lutam com armas, como se nunca tivessem tido outra ocupação senão a de encantar o seu pai, e servir de brinquedo ou objeto. Revela-se assim o caráter profundamente incestuoso do antigo tema, que o pintor desenvolve aqui em imagens apaixonadas. Essa profunda sexualidade é a prova de que compreendeu absolutamente o tema como o homem moderno, ou seja, como entender a nós mesmos; é a prova de que não se lhe escapou o caráter da profunda sexualidade poética.

No lado esquerdo do quadro, um pouco em segundo plano, se ergue a alturas magníficas uma torre negra, amparada na sua base por todo um sistema de rochas, plantas, caminhos tortuosos assinalados com marcos e casas dispersas. À mercê de um feliz efeito de perspectiva, um destes caminhos se desliga num determinado momento do labirinto caótico em que penetrara, recebendo por fim um raio de luz que atravessa as nuvens tormentosas e ilumina irregularmente toda a região. O mar ao fundo é alto e extremamente tranquilo, tendo em conta o turbilhão de chamas que arde num canto do céu.

Às vezes, no estalar dos fogos de artifício, através da explosão noturna das estrelas, dos raios e bombas solares, logo se revelam, na luz alucinatória, em relevo contra o céu da noite, certos elementos da paisagem — árvores, torres, montanhas, casas; a claridade e a aparição repentina, permanecem fixas em definitivo no nosso espírito a ideia dessa sonora dilaceração de sombras. Não é possível expressar melhor essa submissão dos distintos aspectos da paisagem às chamas que se manifestam no céu, senão dizendo que ainda que tais aspectos tenham sua luz própria, apesar de tudo são como débeis ecos do fogo súbito e celeste, pontos vivos de referência nascidos do fogo e dispostos em locais onde podem exercer toda a sua força avassaladora.

Ademais, existe algo de escandalosamente intenso e perturbador na maneira com que o pintor representa tal fogo, como um elemento ativo e dinâmico numa expressão estática. Pouco interessa como conseguiu este efeito, é real, basta ver a tela para se convencer.

De qualquer maneira, esse fogo, donde se projeta inegavelmente a impressão de inteligência e maldade, serve, pela própria violência, de contrapeso no espírito à pesada estabilidade material do resto do quadro.

Entre o mar e o céu, mas à direita, no mesmo plano que a Torre Negra, projeta-se uma estreita língua de terra coroada por um mosteiro em ruínas.

Tal porção de terra, aparentemente próxima à margem em que se ergue a tenda de Lot, está limitada a um imenso golfo onde parece ter ocorrido um desastre marítimo sem precedentes. Destroços de barcos que não afundaram flutuam no mar, espalhando ao seu redor mastros e vergas. É difícil explicar como seria possível que um ou dois navios destroçados causem a impressão completa de desastre.

Dir-se-ia que o pintor conheceu certos segredos da harmonia linear e dos meios de fazer com que essa harmonia possa afetar diretamente o cérebro, como um agente físico. Em todo caso, esta impressão de inteligência, presente na natureza exterior, sobretudo na maneira de representá-la, é visível em todos os pormenores do quadro, por exemplo, na ponte que se eleva sobre o mar, alta como um edifício de sete andares, e por onde desfilam personagens como as Ideias na caverna de Platão.

Soaria falso almejar que as ideias comunicadas neste quadro são nítidas. Possuem uma proporção à qual a pintura que é mera pintura nos desacostumou, quer dizer, a pintura de vários séculos. Ademais, Lot e suas filhas sugerem a ideia de sexualidade e reprodução, pois Lot parece estar ali para aproveitar-se de forma abusiva de suas filhas, como um zangão.

É esta, praticamente, a única ideia social que há no quadro.

Todas as outras ideias são metafísicas. Lastimo utilizar esta palavra, mas é isso, e eu ainda acrescentaria que tem grandeza poética e eficácia material, porque são metafísicas, a sua profundidade espiritual não pode ser separada da harmonia formal e exterior do quadro.

Há nele uma ideia de devir, que os distintos pormenores da paisagem e a maneira como foram pintados — planos que se aniquilam ou correspondem — introduzem no espírito exatamente como faria a música.

Há ainda a ideia de Fatalidade, expressa não tanto pela aparição do fogo súbito, como pela maneira solene com que todas as formas se organizam ou desorganizam sob esse fogo, como se estivessem encurvadas debaixo do vento pânico irresistível, ou imóveis e quase irônicas, todas submetidas a uma poderosa harmonia intelectual, que sugere a exteriorização do próprio espírito da natureza.

Existe ainda a ideia de Caos, de Maravilha, de Equilíbrio; e até uma ou duas sobre a impotência da Palavra, cuja inutilidade parece demonstrar-nos esta pintura supremamente anárquica e material.

Enfim, segundo penso, esta pintura é o que deveria ser o teatro, se soubesse falar a sua própria linguagem.

E faço esta inquirição: como é possível que o teatro, pelo menos tal como o conhecemos na Europa, melhor dizendo, no Ocidente, tenha relegado tudo o que é especificamente teatral, ou seja, tudo aquilo que não se expressa através de palavras, ou se quisermos, tudo o que não cabe no diálogo (o diálogo como possibilidade de sonorização em cena, e as exigências dessa sonorização) foi deixado em segundo plano?

Por outro lado, como é possível que para o teatro ocidental (digo ocidental, pois felizmente há outros, como o teatro oriental, que conservaram intacta a ideia de teatro, enquanto que no Ocidente essa ideia, como todo o resto, se *prostituiu*), como é possível que para o teatro ocidental não exista outro teatro senão o teatro em diálogos?

O diálogo — a coisa escrita e falada — não pertence especificamente à cena, mas ao livro, como pode ver-se em todos os manuais de história literária, onde o teatro é um ramo submisso da história da linguagem falada.

Afirmo que a cena é o lugar físico e concreto que urge ser ocupado, e que permita falar a sua própria linguagem concreta.

Afirmo que essa linguagem concreta, destinada aos sentidos, independente da palavra, deve satisfazer todos os sentidos; há uma poesia dos sentidos como há uma poesia da linguagem, e essa linguagem física e concreta não é verdadeiramente teatral, senão enquanto expressa pensamentos que evadem-se do domínio da linguagem falada.

Interrogar-me-ão que pensamentos são esses que a palavra não pode exprimir e que encontram sua expressão ideal na linguagem concreta e física do palco.

Responderei essa inquirição em seguida.

A linguagem é tudo quanto a cena se ocupa, tudo quanto pode se manifestar e expressar-se materialmente em cena, que se orienta primeiro nos sentidos, em vez de orientar-se primeiro ao espírito, como a linguagem da palavra. Sei também que as palavras possuem possibilidades como o som, modos distintos de serem projetadas no espaço, as chamadas *entonações*. Muito poderia ser dito sobre o valor concreto da entonação no teatro, essa capacidade que as palavras têm de criar música própria, segundo a forma como são pronunciadas — com independência do seu sentido concreto e, às vezes, em contradição com este sentido —, e criar sob a linguagem uma corrente subterrânea de impressões, de correspondências e analogias; mas este modo teatral de classificar a linguagem é para o autor dramático um *aspecto* da linguagem que, em especial na atualidade, não tem em conta quando prepara suas obras. Portanto, prossigamos.

A linguagem criada para os sentidos deve antes se ocupar de satisfazê-los. O que não impede de desenvolver plenamente o seu efeito intelectual em todos os níveis possíveis e em todas as direções. Isto permite a substituição da poesia da linguagem por uma poesia no espaço que haverá de resolver-se precisamente no domínio que não pertence estritamente às palavras.

Para compreender melhor o que estou dizendo, seria conveniente apresentar alguns exemplos desta poesia no espaço, suscetível de gerar imagens materiais, equivalentes às imagens verbais. Mais à frente encontrarão exemplos.

Esta poesia, difícil e complexa, adquire inúmeros aspectos, em particular os que correspondem aos meios de expressão utilizáveis em cena[3] como música, dança, artes plásticas, pantomima, mímica, gesticulação, entonação, arquitetura, iluminação e cenário.

Cada um destes meios possui sua poesia própria, inerente, e um gênero de poesia irônica, que nasce das possíveis combinações com os outros meios de expressão; é fácil verificar as consequências destas combinações, com as reações e destruições mútuas.

Um pouco mais à frente voltarei a falar sobre essa poesia, que atinge a sua eficácia só quando é concreta, quer dizer, só ao produzir algo objetivamente, por sua própria presença ativa em cena; só quando o som, como no teatro de Bali, equivale ao gesto, em vez de servir como cenário, o acompanhamento de um pensamento o faz evoluir, dirige-o e o destrói, altera definitivamente, etc.

Uma forma desta poesia no espaço — além da que pode ser criada combinando as linhas, formas, cores, objetos em estado natural, elementos comuns a todas as artes — é a linguagem do signo. Permitam-me falar um pouco deste outro aspecto da linguagem teatral pura, que não necessita de palavra — a linguagem dos signos, gestos e atitudes que apresenta um valor ideográfico, como certas genuínas pantomimas.

---

[3] Na medida em que se revelam capazes de aproveitar as possibilidades físicas imediatas que lhes oferece a cena, e substituir as formas rígidas da arte por outras intimidantes e vivas, que proporcionarão outra realidade no teatro, no sentido da antiga magia cerimonial; na medida em que poderíamos chamar a tentação física de cena.

Entendo por pantomima autêntica a pantomima direta, quando os gestos em vez de representarem palavras ou frases — como na nossa pantomima europeia, que não tem mais de cinquenta anos e é a deformação de partes mudas da comédia italiana —, representam ideias, atitudes do espírito, aspectos da natureza e tudo de modo efetivo, concreto, ou seja, evocando constantemente objetos ou detalhes naturais, como a linguagem oriental que representa a noite pela árvore onde o pássaro que fechou um olho começa fechar o outro.

Os inumeráveis símbolos das Escrituras — como o buraco da agulha por onde não pode passar o camelo — poderiam representar qualquer ideia abstrata ou atitude do espírito.

É óbvio que tais signos são verdadeiros hieróglifos, e que o homem contribui para criá-los, é só uma forma como as outras, a qual, por sua dupla natureza, tem um prestígio peculiar.

Essa linguagem, que evoca no espírito imagens de intensa poesia natural (ou espiritual), nos ajuda a compreender o que poderia ser para o teatro a poesia no espaço, independente da linguagem falada.

Seja qual for a forma desta linguagem e a sua poesia, noto que no nosso teatro, que vive sob a ditadura exclusiva da palavra, essa linguagem de signos e mímica, a pantomima silenciosa, as atitudes, os gestos, as entonações objetivas, em suma, tudo quanto há de especificamente teatral no teatro, todos os elementos, quando existem fora do texto, são em geral a parte inferior do teatro; são chamados de *ofício* com negligência, confundidos com o que se entende por encenação ou *realização*, e até podemos considerar-nos afortunados quando a expressão *encenação* não se emprega para designar a suntuosidade artística e exterior que corresponde exclusivamente aos trajes, às luzes e ao cenário.

Em oposição a este ponto de vista, que me parece bastante ocidental, ou melhor, latino, isto é, limitado, direi, entretanto, que essa linguagem nasce da cena, e a sua eficácia deriva da criação espontânea em cena, na medida em que confronta diretamente a cena sem passar pelas palavras (porque não imaginar-se-ia uma peça composta diretamente em cena, realizada em cena?), a encenação é muito mais do que a peça escrita e falada. Hão de solicitar-me, sem dúvida, que explique o que há de latino neste ponto de vista oposto ao meu. Latino é a necessidade de empregar palavras para expressar ideias claras. Para mim, as ideias claras no teatro como em todas as coisas, são ideias acabadas e mortas.

A ideia de uma peça criada diretamente em cena, que embate com os obstáculos da realização e da interpretação, exige a descoberta de uma linguagem ativa e anárquica, que extrapole os limites usuais dos sentimentos e das palavras.

Em todo caso, adianto-me a dizê-lo, o teatro que permite subordinar ao texto a encenação e a realização — isto é, tudo o que há de especificamente teatral — é um teatro de néscios, loucos, pervertidos, de gramáticos, antipoetas, merceeiros e positivistas, ou seja, ocidental.

Por outro lado, tenho consciência de que a linguagem de gestos e atitudes, a dança e a música são menos suscetíveis do que a linguagem verbal de analisar o caráter, expor os pensamentos do homem, expressar estados de consciência nítidos e precisos; porém, quem disse que o teatro foi criado para avaliar caracteres, ou resolver os conflitos de ordem humana e passional, de ordem atual e psicológica que dominam a cena contemporânea?

Alguém afirmaria que se aceita nossa visão de teatro, nada importaria na vida senão saber se somos bons fornicadores, se faremos guerra ou seremos muito covardes e preferir a paz, como nos acomodaremos com nossas pequenas angústias morais, se teremos consciência dos nossos *complexos* (usando a linguagem dos especialistas) ou se na verdade tais complexos hão de acabar conosco. Por outro lado, é raro que a discussão possa galgar um plano social e moral. Nosso teatro não chega jamais a interrogar se este sistema moral e social não seria injusto.

Afirmo que o atual estado social é iníquo e deve ser extinguido. Se isso cabe ao teatro refletir, também é ainda mais responsabilidade da metralha. O teatro sequer é capaz de tratar deste tema com eficácia e ardor que seriam exigidos, ainda que o fizesse, o problema estaria distante da sua meta, que para mim é mais secreta e superior.

Tais preocupações acima elencadas infestam incrivelmente o homem, o homem transitório e material, diria até o *homem-carcaça*. Para mim, tais preocupações causam desgosto, repugnam-me sobremaneira, como todo o teatro contemporâneo, tão humano como anti-poético, excetuando três ou quatro peças, parece feder a decadência e pus.

O teatro contemporâneo é decadente porque perdeu, por um lado, o sentimento de seriedade; por outro, a capacidade de rir.

Porque perdeu o genuíno sentimento do humor e o poder de dissociação física e anárquica do riso.

Porque entrou em ruptura com o espírito de anarquia profunda que é a matriz de toda poesia.

É necessário aceitar que na destinação de um objeto, no significado ou no emprego de uma forma natural, tudo é convenção.

Tal como a natureza gerou a árvore em forma de árvore, poderia perfeitamente ter-lhe destinado a forma de um animal ou de uma colina, e perante o animal ou a colina pensaríamos *árvore*, alterando dessa maneira toda a ordem.

Presume-se que uma bela mulher possui a voz harmoniosa; se desde que o mundo é mundo as mulheres formosas nos chamassem com o som de trombetas, e nos saudassem com bramidos, teríamos associado para sempre a ideia de bramido à ideia de mulher formosa, e uma parcela da nossa visão interna do mundo teria se transformado radicalmente.

Entende-se que a poesia é anárquica na medida em que inquire todas as relações entre objeto, forma e significado. É anárquica, ainda, na medida em que a sua aparição segue a desordem que nos aproxima do caos.

Não exponho outros exemplos. Poderia multiplicá--los até o infinito, e não só com exemplos humorísticos como os que acabei de usar.

Teatralmente, tais inversões de formas, os deslocamentos de significado poderiam ser o elemento essencial desta poesia humorística no espaço que é domínio exclusivo da encenação.

Num filme dos irmãos Marx, um homem acredita que abraçará uma mulher, mas acaba por abraçar uma vaca, que lança um mugido. Por circunstâncias que seria demasiado enumerar, esse mugido, por agora, adquire a dignidade intelectual semelhante ao grito de qualquer mulher.

Situação similar, possível no cinema, não é menos inverossímil no teatro (bastaria bem pouco), por exemplo, substituir a vaca por um boneco, um gênero de monstro falante ou um homem travestido de animal, para redescobrir o segredo da poesia objetiva, baseada no humor que o teatro cedera ao *music-hall* e que o cinema adotou depois.

Antes havia falado sobre perigo. A melhor maneira, sugere-me, de expor em cena esta ideia de perigo é socorrer-se do imprevisto não nas situações, mas nas coisas, a transição intempestiva, súbita, da imagem pensada por uma imagem verdadeira; por exemplo, um homem blasfema e presencia a materialização da sua blasfêmia (mas a condição, no entanto, agregarei que essa imagem não inteiramente gratuita, que possa gerar, por sua vez, outras imagens da mesma veia espiritual, etc.)

Outro exemplo, o surgimento repentino de um ser fabricado de trapos e madeira, totalmente inventado, que não correspondesse a nada, perturbador por natureza, capaz de repor em cena um pequeno sopro desse grande temor metafísico que é a base de todo teatro antigo.

Os habitantes de Bali, com o seu dragão imaginário, e todos os orientais, não perderam o sentido deste temor misterioso, em que reconhecem um dos elementos comovedores do teatro (na verdade, o elemento fundamental), quando situado no nível verdadeiro.

A genuína poesia é metafísica, queira ou não, e eu diria ainda que o seu valor depende do alcance metafísico, do seu grau de eficácia metafísica.

Pela segunda ou terceira vez, invoco aqui a metafísica. Falava antes sobre psicologia, ideias mortas, e compreendo que muitos queiram dizer-me que se há no mundo uma ideia desumana, uma ideia ineficaz e morta, inexpressiva, é exatamente a ideia de metafísica.

Isto se deve, como assevera René Guénon, "a nossa maneira puramente ocidental, antipoética e truncada de classificar os princípios" (independente do estado espiritual e energético e massivo que lhes corresponde).

No teatro ocidental de tendências psicológicas, o complexo de gestos, signos, atitudes, sonoridades, que são a linguagem da realização em cena, essa linguagem que exerce plenamente os efeitos físicos e poéticos em todos os níveis da consciência, em todos os sentidos, induz o pensamento a adotar atitudes profundas que poderiam chamar-se *metafísica em ação*.

Regressarei a este ponto. Agora retomemos o teatro conhecido.

Há pouco dias presenciei uma discussão sobre teatro. Assisti um gênero de cobras humanas, também chamados de *autores dramáticos*, que explicavam como insinuar uma peça a um diretor, pareciam aqueles personagens da história que lançavam veneno no ouvido dos rivais. Tratava-se, creio, de determinar a orientação futura do teatro e, noutros termos, do seu destino.

Ninguém definiu nada, em nenhum momento discutiu-se o verdadeiro destino do teatro, ou seja, aquilo que por definição e essência o teatro está destinado a representar, nem os meios de que dispõe para concretizar este destino. Ao contrário, o teatro pareceu-me como uma espécie de mundo glacial, com artistas engessados em atitudes que não lhes serviriam outra vez, com entonações fragmentadas, caindo aos pedaços, com músicas reduzidas a um gênero de cifras enumeradas, como lampejos brilhantes, mas congelados, como que endurecidos, semelhantes a esboços de movimentos, e em redor disso, o borboletear extraordinário, homens paramentados de negro em disputa ao redor da brasa pelo ferro quente para tatuar a sua marca de posse. Como se o mecanismo teatral fosse reduzido ao seu aspecto exterior, e tendo sido reduzido a essa condição, já que o teatro foi circunscrito ao que não é teatro, as pessoas de gosto não suportam o fedor do ar.

Para mim o teatro se confunde com as possibilidades de realização, quando se deduzem consequências poéticas extremas; as possibilidades de realização do teatro pertencem na totalidade ao domínio da encenação, considerada como linguagem no espaço e no movimento.

Ora, extrair consequências poéticas extremas dos meios de realização é fazer metafísica com isso, e acredito que ninguém contestará essa maneira de considerar a questão.

Fazer metafísica com a linguagem, os gestos, as atitudes, o cenário, a música, do ponto de vista teatral, é, a meu ver, considerá-los segundo todos os possíveis meios de contato com o tempo e o movimento.

Expor exemplos objetivos desta poesia, conforme as múltiplas formas em que o gesto, a sonoridade, a entonação, se apoiam com maior ou menor insistência, neste ou naquele segmento de espaço, e tal ou qual instante, sugere-me ser tão difícil como comunicar com palavras o sentimento da qualidade peculiar de um som, ou o grau e a qualidade da dor física; depende da realização e isso só se determina em cena.

Seria necessário agora rever todos os meios de expressão do teatro, ou a encenação, no sistema que acabo de expor, que se confundem. Isto me levaria demasiado longe, e só darei alguns exemplos.

Antes de tudo, a linguagem articulada.

Fazer metafísica da linguagem falada é levar a linguagem a expressar o que não se expressa normalmente; é empregar de modo novo, excepcional e raro, é devolver-lhe a capacidade de produzir o frêmito físico, dividir e distribuir ativamente no espaço, é utilizar entonações de maneira absolutamente concreta, restituir-lhes o poder de dilacerar e manifestar algo de fato, é rebelar-se contra a linguagem e suas fontes trivialmente utilitárias, dir-se-ia alimentares, contra as suas origens de fera acossada, é, enfim, conceber a linguagem como forma de *encantamento*.

Tudo, neste modo poético e ativo de considerar a expressão em cena, leva-nos a abandonar o significado humano, atual e psicológico do teatro, e reencontrar o significado religioso e místico que o nosso teatro perdeu por completo.

Se, por outro lado, basta pronunciar as palavras *religioso* e *místico* para que se confunda com um sacristão, ou com o bonzo budista, extremamente superficial e iletrado, que serve apenas para girar as matracas das orações, isso demonstra que somos inábeis para extrair da palavra todas suas possibilidades, e não sabemos nada do espírito de síntese e analogia.

É provável que no instante atual tenhamos perdido o contato com o teatro verdadeiro, pois o circunscrevemos ao domínio que está ao alcance do pensamento cotidiano, o domínio conhecido ou desconhecido da consciência; se nos dirigimos teatralmente ao inconsciente, é só para arrancar-lhe o que porventura acumulou (ou ocultou) da experiência acessível e cotidiana.

Diz-se, por outro lado, que a eficácia física com que o teatro oriental afeta o espírito, e o poder com que as imagens diretas revelam a ação e certas obras do teatro de Bali, sua origem se situa em tradições milenares, e preservam o segredo de utilização de gestos, as entonações, a harmonia, em relação aos sentidos e todos os níveis possíveis; isto não condena o teatro oriental, condena a nós, e conosco neste estado de coisas em que vivemos, que é preciso destruir, destruir com dedicação e maldade, em todos os planos e todos os níveis que se opõem ao livre exercício do pensamento.

O teatro alquímico

Há, entre o princípio do teatro e o da alquimia, uma misteriosa identidade de essência. O teatro, como a alquimia, classificado na sua origem e subterraneamente, ampara-se em determinados fundamentos que são comuns a todas as artes; no domínio espiritual imaginário aspira a eficácia análoga ao processo que, no domínio físico, permite obter, *de fato*, ouro. Contudo, entre o teatro e a alquimia há mesmo outra semelhança mais elevada e que metafisicamente nos distancia mais. Tanto a alquimia como o teatro são artes virtuais, por assim dizer, que transportam em si tanto o seu objetivo como a realidade.

Ali onde a alquimia, pelos símbolos, é o Duplo espiritual da operação que só funciona no plano da matéria real, o teatro deve ser considerado também como Duplo, não já desta realidade cotidiana e direta que aos poucos se reduziu, transformando-se na cópia estática, tão vã como edulcorada, de outra realidade perigosa e arquetípica, em que os princípios, tal como delfins quando mostram a cabeça, apressam-se a mergulhar outra vez nas águas escuras.

Esta realidade não é humana, mas inumana e há de se reconhecer que nela o homem com seus hábitos e caráter, acrescenta bem pouco. É como se o homem retivesse a cabeça absolutamente despida, orgânica e maleável, com matéria formal suficiente para que os princípios exercessem nela os efeitos de maneira completa e sensível.

Há que sublinhar, por outro lado, antes de continuar, a curiosa afeição ao vocabulário teatral que os livros de alquimia revelam, como se os autores tivessem se apercebido desde o início quanto existe de *representativo*, isto é, de teatral, em toda a série de símbolos de que se serve a Grande Obra para efetivar-se real e materialmente, tal como as digressões e erros do espírito mal informado, entre tais operações e na sequência quase 'dialética' de todas as aberrações, espectros, miragens e alucinações pelos quais não passam quem tenta fazer isso através de *meios puramente humanos*.

Os genuínos alquimistas têm consciência de que o símbolo alquímico é uma miragem, tal como o teatro. Essa alusão perene aos materiais e ao princípio do teatro que se encontra em quase todos os livros alquímicos deve ser compreendida como a expressão de uma identidade (entre os alquimistas foi extremamente consciente) entre o plano em que evoluem os personagens, os objetos, as imagens e em geral toda a *realidade virtual* do teatro, no plano puramente fictício e ilusório em que progridem os símbolos da alquimia.

Tais símbolos, que sugerem o que poderíamos designar de estados filosóficos da matéria, orientam o espírito sobre a purificação ardente, a unificação e a extenuação — no sentido terrivelmente simplificado e puro — das moléculas naturais; sobre essa operação que permite, no despojamento progressivo, repensar e reconstituir os sólidos seguindo a linha espiritual de equilíbrio que por fim se transformam em ouro. Não se costuma advertir até que ponto o simbolismo material que designa essa operação misteriosa corresponde em espírito ao simbolismo paralelo, a uma atividade de ideias e aparências e que tudo quanto no teatro é teatral se chama e pode se distinguir filosoficamente.

Explico-me. E talvez já tenha percebido que o tipo de teatro que aludimos não tem relação com essa espécie de teatro social ou da atualidade, que muda com as épocas, onde as ideias que revigoravam originalmente o teatro não são mais do que caricaturas de gestos, que ninguém reconhece e tanto mudaram de sentido. As ideias de teatro arquetípico e primitivo tiveram o mesmo destino que as palavras, não despertam imagens, e em vez de ser um meio de expressão, não são mais do que um beco sem saída e o cemitério do espírito.

Talvez nos interroguem agora sobre o que entendemos por teatro arquetípico e primitivo. Desta maneira atingiremos o cerne do problema.

Com efeito, se colocarmos o problema das origens e a razão de ser (ou a necessidade primordial) do teatro, encontraremos metafisicamente a materialização, ou melhor, a exteriorização de uma espécie de drama essencial, numa maneira múltipla e única, os princípios fundamentais de todo drama, *orientados* e já *divididos*, não o bastante para perder o caráter de princípios, mas o suficiente para conter de forma essencial e ativa, plena de ressonâncias, infinitas perspectivas de conflito. Analisar filosoficamente o drama semelhante é impossível e só poeticamente, servindo-nos do que houver de comunicativo e magnético nos princípios das artes, é possível evocar, através das formas, sons, músicas e volumes, deixando de lado todas as similitudes naturais das imagens e das semelhanças, não os direcionamentos primordiais do espírito, que o nosso excessivo intelectualismo lógico reduziria a esquemas inúteis, os estados de agudez intensa e absoluta que para além das pulsações da música e da forma, percebem as ameaças subterrâneas do caos tão decisivo quanto perigoso.

Tal drama essencial existe, é feito segundo a imagem de algo mais sutil do que a própria Criação, que se representará como o resultado da vontade única, sem conflito.

É preciso crer que o drama essencial, a origem de todos os Grandes Mistérios, está ligado ao segundo momento da Criação, o da dificuldade e do Duplo, o da matéria e da materialização da ideia.

Na verdade, parece que onde reinam a simplicidade e a ordem não pode haver teatro nem drama, o verdadeiro teatro, como a poesia, mas através de outros meios, surge da anarquia organizada, de pugnas filosóficas que são o aspecto apaixonante das unificações primitivas.

Ora, tais conflitos que o Cosmos em ebulição nos oferta de maneira filosoficamente distorcida e impura, a alquimia nos propõe como intelectualidade rigorosa, pois nos permite alcançar outra vez o sublime, *mas com drama*, após a aniquilação minuciosa e exagerada de toda forma insuficientemente afinada, madura, já que de acordo com o próprio princípio da alquimia o espírito não pode ter ímpeto, sem atravessar os filtros e fundamentos da matéria existente, e repetir esta tarefa nos limbos incandescentes do porvir. Dir-se-ia que para atingir o ouro material, o espírito teve que provar primeiro que era merecedor do ouro, que só obteria, só alcançaria cedendo a ele, aceitando-o como segundo símbolo da queda que devia experimentar para redescobrir numa forma sólida e opaca a expressão da própria luz, da raridade e da irredutibilidade.

A operação teatral para fabricar ouro, pela imensidão dos conflitos que provoca, pelo número prodigioso de forças que opõe e estimula recorrendo a um gênero de redestilação essencial, transbordando consequências e sobrecarregada de espiritualidade, evoca finalmente no espírito a pureza absoluta e abstrata, que ninguém segue, poderia conceber-se como uma nota única, uma nota-limite capturada em pleno voo — a parte orgânica de uma espantosa vibração.

Os mistérios órficos que submetiam Platão, tinham, sem dúvida, no plano moral e psicológico algo deste aspecto transcendente e definitivo do teatro alquímico, e com elementos de extraordinária densidade psicológica evocavam em sentido inverso os símbolos da alquimia, que propiciam o meio espiritual de decantar e transfundir a matéria, invocam a transfusão ardente e decisiva da matéria pelo espírito.

Diz-se que os Mistérios de Elêusis se limitavam a colocar em cena certo número de verdades morais. Acredito que tais mistérios encenavam projeções de conflitos, contendas indescritíveis de princípios, na perspectiva vertiginosa e claudicante em que a verdade se perde, enquanto realiza a fusão inextricável e única do abstrato e do concreto; creio que por meio de músicas, instrumentos, notas, combinações de cores e formas, das quais não conservamos qualquer ideia, conseguiam satisfazer a nostalgia da beleza pura, que Platão encontrou pelo menos uma vez no mundo, na realização completa, sonora, fluida e despojada; e resolver, por outro lado, segundo conjunções inimagináveis e estranhas para nossas mentes de homens todavia despertos, e até aniquilar todos os conflitos do antagonismo da matéria e do espírito, da ideia e da forma, do concreto e do abstrato, fundindo as aparências numa expressão única equivalente ao ouro espiritualizado.

O teatro de Bali

O espetáculo do teatro de Bali, de que fazem parte a dança, o canto, a pantomima — e alguma coisa do teatro, tal como o entendemos —, restitui ao teatro, de acordo com cerimônias de eficácia atestada e, sem dúvida, milenares, o seu primitivo destino, nos apresenta como a combinação de todos os elementos, unidos na perspectiva da alucinação e do medo.

É extraordinário que a primeira das breves peças que compõem este espetáculo, que nos apresenta a repreensão de um pai a sua filha, que se rebela contra as tradições, e comece com a entrada de fantasmas; ou, se quisermos, os personagens — homens e mulheres — que interpretarão o tema dramático, mas familiar, surjam primeiro em estado espectral, e vemo-los na perspectiva alucinatória, própria de todo personagem de teatro, antes que as situações deste gênero de *sketch* simbólico comecem a desenvolver-se. As situações não são aqui senão pretexto. O drama não se desenvolve entre sentimentos, mas entre estados espirituais ossificados e reduzidos a gestos, esquemas. Em suma, os balineses executam, com rigor extremo, a ideia de teatro puro, onde tudo, concepção e realização, só valem por existirem no grau de objetividade *em cena*. Demonstram vitoriosamente a preponderância total do diretor, cujo poder de criação *elimina as palavras*. Os temas são vagos, abstratos, extremamente gerais. Só lhes instilam vida a fertilidade e a complexidade de todos os artifícios cênicos, que se impõem ao nosso espírito como a ideia da metafísica derivada do uso da voz e do gesto.

Em todos os gestos, tais atitudes angulosas e bruscamente abandonadas, nas modulações sincopadas do fundo da garganta, estas frases musicais que se interrompem nos voos de élitros, nos rumores de folhagem, nos sons de caixas vazias, rangidos de autômatos, nas danças de marionetes, há algo de fato curioso — através deste labirinto de gestos, atitudes e gritos repentinos, destas evoluções e giros que não deixam de usar qualquer ponto do espaço cênico, se revela no sentido de uma nova linguagem física baseada em sinais e não em palavras. Os atores, com suas roupagens geométricas, parecem hieróglifos animados. E não só a forma das roupas deslocando o eixo do perfil humano cria em conjunto com as vestimentas destes guerreiros em estado de transe e guerra perene, uma espécie de roupagem simbólica, de segunda roupa, inspirando a ideia intelectual, ou apenas se relaciona através de cruzamentos das perspectivas do espaço. Não, tais signos espirituais possuem um sentido determinado, que só atingimos intuitivamente, mas com violência razoável e qualquer tradução para uma linguagem lógica e discursiva nos parece inútil. Aqueles afeitos ao realismo a todo custo, que cansaram das alusões perpétuas das atitudes secretas e inacessíveis do pensamento, aí reside o jogo eminentemente realista do duplo, que se sobressalta com as aparições do além. Os frêmitos, os vagidos pueris, o pulo que bate no chão ritmadamente, com o automatismo do inconsciente liberto, este duplo que num determinado instante se oculta detrás da sua própria realidade, eis a descrição do temor válida para todas as latitudes, demonstrando que tanto no humano como no inumano os orientais estão à nossa frente em matéria de realidade.

Os balineses, que contam com gestos e mímica para todas as circunstâncias da vida, nos restabelecem o mérito superior das convenções teatrais, a eficácia e o valor extraordinariamente emotivos de certo número de convenções perfeitamente aprendidas e aplicadas de modo magnífico. Uma das razões do nosso prazer diante deste espetáculo, sem erros, está no uso que os atores fazem num determinado instante da quantidade precisa de gestos específicos, de mímicas bem ensaiadas, e sobretudo no tom espiritual dominante, no estudo acurado e sutil que conduz a elaboração dos jogos de expressões, os signos eficazes que não parecem ter perdido o seu poder ao longo de milênios. Este movimento mecânico dos olhos, os trejeitos dos lábios, os espasmos musculares, os efeitos metodicamente calculados, que impedem de se socorrer da improvisação espontânea, as cabeças que se movimentam horizontalmente e parecem mover-se de um ombro a outro como se estivessem sobre trilhos, tudo corresponde a necessidades psicológicas imediatas, a uma arquitetura espiritual composta de gestos e mímicas, pelo poder evocador de um sistema, pela qualidade musical do movimento físico, pelo acorde paralelo e admiravelmente fundido de um tom. É provável que isso incomode nossa concepção europeia de liberdade cênica e a inspiração espontânea; mas não se afirme que essa matemática produz aridez ou uniformidade. O fantástico é que este espetáculo, conduzido com minúcia e a consciência enlouquecedoras, provoque a impressão de opulência, fantasia e generosa prodigalidade. As mais imperativas correspondências ligam perenemente a visão e a audição, o intelecto e a sensibilidade, o gesto de um personagem e a evocação do movimento de uma planta no clangor de um instrumento. Os suspiros do instrumento de sopro prolongam as vibrações das cordas vocais, com tal semelhança de identidade que não sabemos se a voz se prolonga ou a semelhança absorveu a voz desde o princípio. A harmonia das articulações, o ângulo musical do braço com o antebraço, o pé que pisa, o joelho que se dobra, dedos que parecem se separar da mão, tudo é como um jogo infindo de espelhos, onde os membros humanos parecem emitir ecos, músicas; onde as notas da orquestra, os instrumentos de sopro invocam a ideia de um enorme viveiro em que os atores se exibem. Nosso teatro jamais imaginou tal metafísica de gestos, nunca soube utilizar a música com fins dramáticos tão instantâneos, tão concretos; nosso teatro puramente verbal ignora tudo quanto é teatro, tudo o que existe no ar da cena, tudo o que esse ar mensura e circunscreve, e detém a densidade no espaço — movimentos, formas, cores, vibrações, atitudes, gritos; nosso teatro, com todo aspecto incomensurável e que depende do poder de sugestão do espírito, poderia solicitar ao balinês uma lição de espiritualidade. Este teatro puramente popular e não sagrado, expõe-nos a ideia extraordinária do nível intelectual de um povo que adota como fundamento de suas festas cívicas as lutas da alma cativa das larvas e do Além. Na verdade, na parte derradeira do espetáculo a luta é interior. Convém assinalar o grau de suntuosidade teatral que os balineses atingiram nessa luta. O seu sentido de necessidade plástica da cena pode se comparar com o conhecimento do medo físico e os meios de libertar-se. O seu demônio, de fato terrível, provavelmente tibetano, iguala-se surpreendentemente a certo fantoche que recordamos, de mãos dilatadas com gelatina branca e unhas de folhas verdes, o mais belo adorno de uma das primeiras peças interpretadas pelo teatro de Alfred Jarry.

*
* *

Não é possível assimilar por completo este espetáculo, que nos impacta com a imensidão de impressões, cada uma mais rica que a outra; numa linguagem a qual perdemos aparentemente a chave; e esta impossibilidade de retomar o fio, de prender a fera — de aproximar o ouvido ao instrumento para ouvir melhor — provoca irritação que é mais um encanto do espetáculo. Não entendo como linguagem um idioma indecifrável que ouvimos pela primeira vez, mas precisamente essa linguagem teatral estranha a toda *língua falada*, uma linguagem que parece comunicar uma experiência cênica, de uma maneira que comparadas com as nossas produções exclusivamente assemelha-se a simples sussurros.

Com efeito, o mais surpreendente neste espetáculo — tão distante de nossas concepções ocidentais de teatro que muitos negarão a qualidade teatral, apesar de ser a mais sublime manifestação de teatro puro que vimos até aqui —, o mais desconcertante para nós europeus é o admirável intelectualismo conflagrado em toda a trama densa e delicada dos gestos, das modulações infinitamente diversas da voz, nesta chuva sonora que parece desabar num bosque imenso, nos entrelaçamentos sonoros dos movimentos. Entre um gesto e um grito ou som não há transição, tudo se corresponde através de canais abertos no próprio espírito.

Há aqui uma abundância de gestos rituais cuja chave não possuímos, e obedecem a indicações musicais muito precisas, com algo mais que não pertence geralmente à música e sugere estar destinado a envolver o pensamento, persegui-lo, aprisioná-lo num sistema inextricável e exato.

Com efeito, tudo neste teatro é calculado segundo uma matemática fascinante e minuciosa. Nada fica ao acaso ou à iniciativa pessoal. É uma espécie de dança superior, em que os bailarinos são antes de tudo atores.

Pode-se vê-los alcançar um gênero de recuperação, com passos medidos. Quando pensamos que estão perdidos num labirinto cerrado, ou na iminência de tombarem no caos, recuperam o equilíbrio através de meios que lhes são próprios (apoiando o corpo ou as pernas arqueadas de maneira peculiar) com a impressão de um pano empapado, torcido compassadamente, e com três passos finais que os conduzem de forma irremediável ao centro da cena, concluindo o ritmo suspenso e o compasso se clarifica.

Tudo neles é regulado, impessoal; não há um movimento de músculos nem dos olhos que não corresponda a um gênero de matemática reflexiva, que sustenta tudo e pela qual tudo acontece.

Curiosamente, nesta despersonalização sistemática, nas expressões puramente musculares que são como máscaras sobre os rostos, tudo tem significado, tudo produz o efeito máximo.

Um gênero de terror que nos acomete quando pensamos nos seres mecanizados, com alegrias e dores que aparentemente não lhes pertencem, que estão ao serviço de ritos remotos, parecem ditados por inteligências superiores. Em última instância, não existe nada tão surpreendente neste espetáculo — parecido ao rito que ninguém deve profanar — do que esta impressão de vida superior e prescrita. Possui a solenidade de um rito sagrado; a qualidade hierática das roupagens impõe em cada ator um corpo duplo, membros duplos, e o artista envolvido nessa roupagem parece não ser mais do que a sua própria efígie. Logo, o ritmo longo, intercalado pela música extremamente prolongada, murmurosa e débil, como que a pulverizar os metais mais preciosos, donde brotam mananciais, longas procissões de insetos zanzam entre as plantas, com o som da própria luz; em que os sons da solidão profunda desabam em chuvas de cristais...

Todos os sons estão interligados a movimentos, são como a consumação natural de gestos que possuem a mesma qualidade, e isso com tal sentido de analogia musical que por fim o espírito se descobre condenado ao caos, e atribui às propriedades sonoras da orquestra os movimentos articulados dos artistas, e vice-versa.

Existe algo de inumano, de divino, milagrosamente revelado na beleza estranha dos penteados das mulheres — séries de círculos luminosos sobrepostos, ornados com plumas ou pérolas iridescentes, de cores formosas que as combinações chegam a ter a qualidade de *revelação*, com arestas que estremecem rítmicas e correspondem *espiritualmente* ao tremor do corpo. Há também penteados de cariz sacerdotal, com formatos de tiaras, dominados por penachos, flores rígidas, de pares opostos e rara harmonia.

Tal conjunto deslumbrante de feixes, de fugas, correntes secretas, desvios e todos os planos da percepção externa e interna, compõem a ideia soberana do teatro que os séculos preservaram, acreditamos mesmo, para que nos mostrasse o que o teatro jamais deveria ter deixado de ser. Esta impressão se amplia pelo fato de que o espetáculo — popular, parece, e secular — é o alimento comum das sensações artísticas para estas pessoas.

Colocando à parte a magnífica matemática deste espetáculo, o que nos sugere ser admirável e surpreendente é o aspecto *da matéria como revelação*, que parece logo se propagar em signos que nos revelam gestos perduráveis a identidade metafísica do concreto e do abstrato. Ainda que estejamos familiarizados com o aspecto realista da matéria, surge aqui elevado à enésima potência, estilizado e definitivo.

. . .

Neste teatro toda criação nasce da cena, encontra a sua expressão e até as suas origens neste secreto impulso psíquico da linguagem anterior à palavra.

. . .

É um teatro que elimina o autor, em prol daquele que no jargão ocidental do teatro chamamos diretor; mas um diretor que se transformou numa espécie de coordenador mágico, um maestro de cerimônias sagradas. E a matéria com que trabalha, os temas que faz pulsar não são seus, mas dos deuses. Dir-se-ia que nasceram das interconexões elementares da Natureza, que um Espírito duplo favoreceu.

O que este diretor coloca em movimento é o MANIFESTO.

Uma espécie de física primitiva, da qual o espírito jamais se afastara.

. . .

Num espetáculo como o teatro de Bali, há algo que não tem nenhuma relação com o entretenimento, essa ideia de diversão dissimulada e inútil, de passatempo noturno que caracteriza nosso teatro. As obras balinesas se criam no próprio centro da matéria, no centro da vida, no centro da realidade. Há algo nelas de característica cerimonial de rito religioso, pois extraem do espírito do espectador toda ideia de simulação, de imitação corriqueira da realidade. A gesticulação intrincada e minuciosa tem um objetivo imediato, que persegue com meios eficazes. Os pensamentos que visa, os estados espirituais que tenta criar, as soluções místicas que propõe são estimulados, apresentados, atingidos sem demora ou circunlóquios. Tudo parece o exorcismo destinado a fazer afluir nossos demônios.

. . .

Há neste teatro o murmúrio grave de coisas instintivas, conduzidas ao ponto de transparência, inteligência, e ductibilidade que parecem nos propiciar em termos físicos algumas das mais secretas percepções do espírito.

Dir-se-ia que os temas propostos surgem da cena. Alcançaram um grau de materialização objetiva que é impossível imaginá-los fora dessa perspectiva confinada, deste globo fechado e limitado da cena.

Este espetáculo nos oferece o maravilhoso complexo de imagens cênicas puras, para cuja compreensão sugere ter forjado uma linguagem nova — os atores com suas vestimentas são como genuínos hieróglifos viventes e móveis. Estes hieróglifos tridimensionais foram guarnecidos com certo número de gestos: signos misteriosos que correspondem a não se sabe que realidade fabulosa e obscura que nós, homens ocidentais, reprimimos definitivamente.

Existe algo que participa do espírito numa operação mágica, nesta intensa liberação de signos, presos a princípio, em seguida lançados bruscamente ao ar.

O fervor caótico, repleto de sinais, por instantes estranhamente ordenado, arde na efervescência de ritmos delineados, em que intervém o silêncio bem calculado.

Desta ideia de teatro puro, que entre nós é apenas teórica, que ninguém tentou proporcionar alguma realidade, o teatro balinês oferece a assombrosa realização, eliminando toda possibilidade de recorrer às palavras para elucidar temas mais abstratos, forjando uma linguagem de gestos desenvolvidos no espaço e que, fora dele, não têm sentido.

O espaço de cena é usado aqui em toda dimensão, todos os planos possíveis. Além do agudo sentido de beleza plástica, os gestos apresentam sempre o objetivo final da elucidação de um estado ou problema espirituais.

Pelo menos, é assim que nos parece.

Aproveita-se cada ponto do espaço, assim como nenhuma sugestão possível. Há uma espécie de sentido, que podemos chamar filosófico, de poder que detém a natureza e evita que se precipite súbita no caos.

. . .

Percebe-se no teatro balinês um estado anterior à linguagem, suscetível de eleger a sua própria linguagem: música, gestos, movimentos, palavras.

. . .

É evidente que este aspecto de teatro puro, a física do gesto absoluto que é a própria ideia e que transforma as concepções do espírito em fatos perceptíveis através dos labirintos e meandros fibrosos da matéria, nos oferece a ideia do que pertence por natureza ao domínio das formas e da matéria manifesta. Tais pessoas chegam a dar um sentido místico à simples forma de uma vestimenta, não contentes em dispor o homem junto ao seu

Duplo, atribuem a cada homem vestido o duplo de suas roupas, essas pessoas que, portando um sabre que lhes faz parecer grandes borboletas, atravessam o ar com suas roupas ilusórias, e mais do que nós portam um sentido inato do simbolismo absoluto e mágico da natureza, superior ao nosso, e nos cedem o exemplo que nossos técnicos teatrais, certamente, não saberão aproveitar.

. . .

O espaço intelectual, esse jogo psíquico, o silêncio concretizado pelo pensamento que encontramos entre os membros de uma frase escrita, estão aqui no espaço cênico, entre os membros, o ar, as perspectivas de certo número de gritos, cores e movimentos.

. . .

Diante das representações do teatro de Bali o espírito parece sentir que a concepção se defrontou com gestos, estabeleceu-se entre o fervilhar de imagens visuais ou sonoras, pensadas em estado puro. Logo, e nitidamente, aconteceu algo parecido ao estado musical para atingir essa encenação em que tudo o que é concepção do espírito não passa de pretexto, virtualidade cujo duplo produziu esta poesia intensa e cênica, esta linguagem espacial e colorida.

. . .

O jogo perene de espelhos que passa da cor ao gesto, do grito ao movimento, conduz-nos sem cessar por caminhos íngremes e difíceis para o espírito, faz-nos imergir nesse estado de incerteza e angústia inexprimível que caracteriza a poesia.

Desses bizarros jogos de mãos aéreas, como insetos na tarde verde, deriva uma terrível obsessão, o raciocínio copioso, como o espírito ocupado em orientar-se no dédalo do inconsciente.

O que este teatro nos torna tangível e nos oferta em signos concretos é menos os temas sentimentais do que de inteligência.

Através dos caminhos intelectuais, ele nos introduz na retomada dos signos do que se é.

Deste ponto de vista é amplamente significativo o gesto do bailarino principal, que toca sempre no mesmo ponto da cabeça, como se quisesse assinalar a posição e a existência de um suposto olho central, tal o ovo intelectual.

. . .

A alusão colorida às impressões físicas da natureza é retomada no plano dos sentidos, e o som não é senão a representação nostálgica de outra coisa, um tipo de estado mágico em que as sensações se tornaram tão sutis que o espírito se compraz em frequentá-las. Até as harmonias imitativas, o som da cascavel, o estalido das carapaças dos insetos, uma contra outra, evocam claramente a formigante paisagem à beira de precipitar-se no caos. Os artistas vestidos com roupas radiantes, os corpos como que envoltos em cueiros! Há algo de umbilical e larvar nestas evoluções. Convém assinalar o aspecto hieroglífico das roupas, com linhas horizontais que se prolongam em todas as direções das linhas do corpo. Tais artistas são como enormes insetos, com segmentos e traços que unem os corpos a certa ignorada perspectiva natural, da qual parecem ser apenas uma geometria independente.

Tais roupagens demarcam os deslocamentos abstratos quando andam!

Cada movimento traça uma linha no espaço, desenha a rigor uma figura desconhecida, de fórmula hermética, concluída com o movimento imprevisto da mão.

E as dobras dessas roupas, curvadas sobre as nádegas, parecem suspensas no ar, como que presas no fundo da cena, se prolongando no voo dos saltos.

Os uivos, os olhos que se reviram, a contínua abstração, os ruídos dos galhos, do corte e do arrastar da lenha, tudo no imenso espaço dos sons dispersos, de origem distinta, tudo contribui para revelar-se no nosso espírito, a cristalizar-se na nova — atrever-me-ia dizer — e concreta concepção do abstrato.

Deve-se acentuar que quando esta abstração, que nasce de um magnífico edifício cênico, se incorpora ao pensamento, se assombra com seu voo certas impressões do mundo da natureza, adota-as sempre no ponto em que as combinações moleculares começam a romper-se, apenas um gesto nos separa do caos.

. . .

Em contraste com a imundície, a brutalidade e a infâmia expostas nos cenários europeus, a última parte do espetáculo é um deleitoso anacronismo. Não sei qual teatro atrever-se-ia a mostrar assim, ao natural, as dores de uma alma cativa dos espectros do além.

. . .

Eles bailam, e os metafísicos da desordem natural que ao bailarem nos restituem o átomo de som, toda percepção fragmentária (que parecia disposta a regressar à fonte primeva), souberam unir o movimento e o som de modo tão perfeito que parece que os bailarinos tinham braços de madeira oca, produzindo ruídos de instrumentos vazios, de caixas sonoras.

De repente, estamos em plena contenda metafísica, o rígido aspecto do corpo em transe, endurecido pelo assédio de forças cósmicas, se exprime de maneira admirável com a dança frenética, rija e angulosa por sua vez, e se sente o espírito a cair livremente.

Como se ondas de matéria se projetassem umas sobre as outras, fundindo as cristas nos abismos, partindo de todos os pontos do horizonte para incorporar-se por fim na porção ínfima do frêmito, do transe, cobrindo assim o vazio do medo.

. . .

Há nestas perspectivas edificadas o absoluto real e físico que só os orientais são capazes de imaginar, neste ponto, na elevação e na audácia reflexiva dos objetivos, se distinguem as concepções da nossa concepção europeia de teatro, muito mais que na estranha perfeição das representações.

Os partidários da divisão e da separação dos gêneros pretendem ver apenas bailarinos responsáveis de representar mitos desconhecidos e superiores, com uma elevação que revela o nível de bruteza e puerilidade indescritíveis do nosso teatro ocidental moderno. A verdade é que o teatro balinês propõe e representa temas de teatro puro, que na representação cênica atingem o equilíbrio intenso, a gravitação totalmente materializada.

. . .

Em todo teatro existe a embriaguez profunda, que nos restitui os elementos do êxtase, e com o êxtase encontramos de novo o fervor seco e a fricção mineral das plantas, dos vestígios e ruínas das árvores de copas iluminadas.

Toda a bestialidade, a animalidade, ficam reduzidas ao gesto seco: ruídos multitudinários da terra que racha, a geada nas árvores, o bocejo de animais.

Os pés dos bailarinos, ao afastar as roupas, dissipam pensamentos e sensações, recobrando o estado puro.

E sempre o confronto da cabeça, o olho de ciclope, o olho interior do espírito que a mão direita busca.

Mímica de gestos espirituais que medem, retalham, fixam e subdividem os sentimentos, os estados de ânimo, as ideias metafísicas.

Teatro de quintessências, em que as coisas contornam antes de regressarem à abstração.

. . .

Os gestos pendem exatos sobre o ritmo da madeira, das caixas ocas, aumentam e lançam voo com tanta segurança e em momentos precisos que aparentemente essa música acentua o próprio vazio dos membros ocos dos artistas.

. . .

O olho estratificado e lunar das mulheres.

O olho de sonho que parece nos absorver e diante do qual nos vemos como *espectros*.

. . .

A satisfação completa dos gestos de dança, dos pés que giram e se fundem animados, as mãozinhas aéreas, os golpes secos e exatos.

. . .

Assistimos uma alquimia mental que transforma o estado espiritual num gesto: o gesto seco, despido, linear que poderiam ter nossos atos se apontassem ao absoluto.

. . .

Esse maneirismo, o excesso hierático, com o alfabeto em movimento, os gritos de pedras que se racham, rumor de ramos, de lenha cortada e arrastada compõem no ar, no espaço visual e sonoro, um tipo de sussurro animado e material. E num instante a identificação mágica se cumpre: *Sabíamos que éramos nós que falávamos.*

Quem se atreverá a dizer, após a batalha incrível de Arjuna contra o dragão, que o teatro não está em cena, isto é, fora das situações e das palavras?

As situações dramáticas e psicológicas são aqui a mímica do combate, função de jogo atlético e místico dos corpos e o uso, atrevo-me a dizer, ondulatório da cena, em que a sucessiva perspectiva revela a enorme espiral.

Os guerreiros adentram na floresta mental oscilando de terror; e no imenso tremor, na volumosa rotação magnética que os possui, sentimos que despenham-se meteoros animais e minerais.

O tremor geral dos membros e os olhos revirados são mais o aniquilamento espiritual do que uma tempestade física. A pulsação sonora das cabeças eriçadas, às vezes, é atroz, e a música a vibrar atrás deles nutre o espaço inimaginável, onde calhaus físicos acabam de rolar.

Detrás do guerreiro, que a fantástica tempestade cósmica paralisou, se exibe ao Duplo, entregue à puerilidade dos sarcasmos colegiais; excitado pelo contragolpe da ruidosa tormenta atravessa, inconsciente, entre encantos que não logrou entender.

Teatro Oriental e Teatro Ocidental

O teatro balinês revelou-nos uma ideia de teatro física e não verbal, em que os limites do teatro são tudo o que pode acontecer em cena, independente do texto escrito, enquanto que no Ocidente, tal como nós o concebemos, o teatro está intimamente ligado ao texto e circunscrito a ele. Para o teatro ocidental a palavra é tudo, sem ela não existe possibilidade de expressão; o teatro é um ramo da literatura, uma espécie de multiplicidade sonora de linguagem, se admitimos a diferença entre o texto falado em cena e o texto lido, se limitamos o teatro ao que acontece perante as réplicas, nunca poderemos separá-lo da ideia de texto interpretado.

Esta ideia de supremacia da palavra no teatro está aferrada a nós, e a tal ponto o teatro nos parece o simples reflexo material do texto, tudo o que no teatro excede o texto e não é estritamente condicionado por ele sugere-nos que pertença ao domínio da encenação, e consideramos muito inferior ao texto.

A esta suposta subordinação do teatro à palavra, cabe inquirir se o teatro terá de fato uma linguagem própria, se não for totalmente utópico considerá-lo uma arte independente e autônoma como a música, a pintura, a dança, etc.

Em todo caso, reconheceremos que esta linguagem, se existir, mistura-se com a encenação forçosamente classificada:

1º. Como a materialização visual e plástica da palavra.

2º. Como a linguagem de tudo o que pode ser dito e expresso em cena, independentemente da palavra, de tudo o que é expressão no espaço, ou poderá ser afetado ou desfeito por ele.

Descobriremos então se esta linguagem da encenação, como linguagem teatral pura, alcançará os mesmos fins interiores que a palavra, se do ponto de vista do espírito e teatralmente poderá aspirar a mesma eficácia intelectual que a linguagem falada. Convém perguntar, noutros termos, se é capaz não de demandar pensamentos, mas *fazer pensar*, se pode fazer o espírito adotar atitudes profundas e eficazes, a partir do seu próprio ponto de vista.

Em resumo, cogitar o problema da eficácia intelectual das formas objetivas como meio de expressão, da eficácia intelectual da linguagem que usa apenas formas, ruídos ou gestos, é colocar o problema da eficácia intelectual da arte.

Mesmo que tenhamos chegado a atribuir à arte nada mais do que o valor de entretenimento e lazer, reduzindo-a ao uso puramente formal das formas dentro da harmonia de certas relações externas, nem por isso suprimimos o seu profundo valor expressivo; o mal espiritual do Ocidente (lugar por excelência em que se confunde arte com esteticismo) é pensar na possibilidade de uma pintura, de uma dança que sejam apenas plásticas, como se pretendesse cercear as formas da arte, cindir os laços com todas as atitudes místicas que podem adotar perante o absoluto.

Compreende-se então que o teatro, enquanto se mantiver encerrado na própria linguagem ou na sua correlação com ele, deva romper com a atualidade. O seu objetivo não é resolver os conflitos sociais ou psicológicos, nem servir de território de embate de paixões morais, senão expressar objetivamente certas verdades secretas, trazer à luz, através de gestos ativos, alguns aspectos da verdade ocultos nas formas dos seus encontros com o Devir.

Cumprir isso, conciliar o teatro com as possibilidades expressivas das formas e o mundo dos gestos, ruídos, cores, movimentos, etc, é reconduzi-lo ao seu primitivo destino, restituir-lhe o seu aspecto religioso e metafísico, reconciliá-lo com o universo.

Contudo, replicar-se-á que as palavras possuem poderes metafísicos; não é impossível conceber a palavra, como o gesto, no plano universal, por outro lado, onde a palavra é mais eficaz, como força dissociativa das aparências materiais e todos os estados em que o espírito tenha se estabilizado derivando para o repouso. É fácil replicar que este modo metafísico de compreender a palavra não pertence ao teatro ocidental, onde não se emprega a palavra como força ativa, que nasce da destruição das aparências e guinda até o espírito, mas ao contrário, como um estado concluído do pensamento que se perde no próprio instante ao se exteriorizar.

No teatro ocidental a palavra é usada só para expressar conflitos psicológicos particulares ao homem, à realidade cotidiana da vida. A linguagem falada expressa facilmente tais conflitos, e mesmo que permaneçam no domínio do psicológico ou se distanciem dele, o interesse do drama será apenas social, o interesse de ver como os conflitos atacarão ou desintegrarão os caracteres. Na verdade, será apenas o domínio onde os recursos da linguagem falada conservarão sua prerrogativa. Por sua natureza, tais conflitos morais não precisam em absoluto da cena para resolver-se. Dar mais importância a linguagem falada ou à expressão verbal, do que à expressão objetiva dos gestos e tudo o que afeta o espírito por meio de elementos sensíveis no espaço, é voltar as costas às necessidades físicas da cena e destruir suas possibilidades.

O domínio do teatro, é preciso dizer isso, não é psicológico, mas plástico e físico. Não importa saber se a linguagem física do teatro pode atingir os mesmos objetivos psicológicos que a linguagem das palavras dos sentimentos e as paixões; importa sondar se no domínio do pensamento e da inteligência não há atitudes que escapam ao domínio da palavra, e que os gestos e toda a linguagem do espaço alcançam com mais exatidão.

Antes de expor um exemplo das relações do mundo físico com os estados profundos do pensamento, permitam-me citar a mim mesmo:

"Todo verdadeiro sentimento é na realidade intraduzível. Expressá-lo é traí-lo. Mas traduzi-lo é *dissimulá-lo*. A expressão genuína oculta o que manifesta. Opõe o espírito ao vazio real da natureza e cria, como reação, uma espécie de inundação do pensamento. Ou, se preferir, em relação com a manifestação-ilusão da natureza, cria um vazio no pensamento. Todo sentimento poderoso gera em nós a ideia de vazio. E a linguagem clara que impede o vazio, obsta também o surgimento da poesia no pensamento. Por isso, uma imagem, uma alegoria, uma figura, que ocultam o que queriam revelar, importa mais ao espírito do que as percepções das análises da palavra.

A verdadeira beleza nunca nos fere diretamente. O sol poente é belo por tudo o que nos faz perder."

Os pesadelos da pintura flamenga nos sobressaltam pela justaposição do mundo genuíno com elementos que são apenas a caricatura deste mundo; mostram-nos os espectros que assombram nossos sonhos. As fontes dessa pintura são os estados semi-sonhados que produzem gestos frustrados e lapsos verbais, junto a uma criança abandonada dispõem uma harpa no ar, ao lado do embrião humano que nada em correntes subterrâneas um exército que avança contra uma fortaleza terrível.

Contíguo à incerteza sonhada a marcha da certeza, e mais além da clandestina luz amarela o esplendor alaranjado de um grande sol outonal a ponto de esconder-se.

Não é uma questão de omitir a palavra no teatro, mas alterar a sua posição e sobretudo reduzir o seu âmbito, e que não seja apenas o meio de conduzir os caracteres humanos aos seus objetivos exteriores, já que ao teatro só interessa como se opõem os sentimentos às paixões de homem para homem na vida.

Mudar o destino da palavra no teatro é utilizá-la de modo concreto e no espaço, combinando-a com tudo o que há no teatro de significativamente espacial no domínio concreto; é manuseá-la como objeto sólido que perturba as coisas, primeiro no ar, em seguida no domínio secreto e infinitamente mais misterioso, mas que admite a extensão; não é difícil identificar tal domínio secreto, porém, na extensão com a anarquia formal, por um lado, e por outro, sob o domínio da criação formal e contínua.

Desta maneira, a identificação do objeto do teatro com as possibilidades da manifestação formal e extensa, sugere a ideia de certa poesia no espaço que chega a confundir-se com a magia.

No teatro oriental, de tendências metafísicas, ao contrário do teatro ocidental de tendências psicológicas, as formas assumem seus sentidos e significados e todos os planos possíveis produzem a vibração que não opera num só plano, mas em todos os planos do espírito em simultâneo.

O teatro oriental, devido a essa variedade de aspectos, pode perturbar, encantar e excitar continuamente o espírito. Porque não atenta ao aspecto exterior das coisas num só plano, nem se contenta com o confronto ou o impacto dos aspectos das coisas com os sentidos, e tem em conta o grau de possibilidade mental onde se geram tais aspectos, o teatro oriental participa da intensa poesia da natureza e conserva suas relações mágicas em todos os graus objetivos do magnetismo universal.

A encenação é instrumento de magia e feitiçaria; não o reflexo de um texto escrito, mera projeção de duplos físicos que nascem do texto, mas a projeção ardorosa das consequências objetivas de um gesto, uma palavra, um som, uma música e suas combinações. Tal projeção ativa realiza-se em cena, suas consequências descobrir-se-ão só diante da cena e sobre ela; o autor que emprega apenas palavras escritas não tem o que fazer no teatro, deve abrir o espaço aos especialistas da feitiçaria objetiva e animada.

Extinguir as obras-primas

Um dos motivos da atmosfera sufocante em que vivemos sem saída possível e sem lenitivo — que todos compartilhamos, até os mais revolucionários — é o respeito pelo o que foi escrito, elaborado ou delineado, e que hoje é forma, como se toda expressão não se esgotasse no final, e não alcançasse um ponto em que é preciso que as coisas irrompam em fragmentos para poder recomeçar.

As obras-primas do passado são positivas para o passado, não para nós. Temos o direito de dizer o que já foi dito, e o que jamais foi dito, de modo pessoal, súbito, direto, correspondendo à sensibilidade atual e seja compreensível a todos.

É uma estultice censurar o povaréu por não deter o sentido de sublime, se confundimos o sublime com algumas das suas manifestações formais, que são sempre manifestações mortas. E se a massa de hoje não entende *Édipo Rei*, por exemplo, atrever-me-ei a dizer que a culpa é de *Édipo Rei*, não do populacho.

O tema de *Édipo Rei* é o incesto, e a ideia de que a natureza escarnece da moral, e de que em algum lugar deambulam forças ocultas das quais deveríamos nos precaver, chame-se a isso destino ou qualquer outra coisa.

Há ainda em *Édipo Rei* a epidemia, a encarnação física dessas forças. Mas tudo se apresenta de uma maneira e com uma linguagem que não estabelecem ponto de contato com o ritmo epiléptico e rude destes tempos. Sófocles fala em voz alta, mas num estilo fora de época. A sua linguagem, hoje, é demasiado refinada, parece que fala de forma evasiva.

Entretanto, a massa que vacila perante as catástrofes, a peste, a revolução, a guerra, uma multidão sensível às angústias desorientadas do amor pode se comover, sem dúvida, por essas elevadas noções, e só precisa ter consciência delas, mas com a condição de falar-lhes com a mesma linguagem, que tais noções não se envolvam em roupagens e palavras adulteradas, próprias de épocas mortas que não regressarão.

Hoje, como ontem, a massa está ávida por mistério; necessita de consciência das leis que regem as manifestações do destino, e augurar talvez o segredo das suas aparições.

Deixemos aos mentores da crítica dos textos, aos estetas da crítica das formas, e reconheçamos que se algo se disse antes, não há por que dizê-lo outra vez; a mesma expressão deve ser repetida; que as palavras se extinguem quando pronunciadas e atuam quando são ditas, que a forma já usada não serve mais e é preciso procurar outra, que o teatro é o único lugar do mundo em que o gesto não pode se repetir da mesma maneira.

Se a multidão não tiver em conta as obras-primas literárias é porque tais obras-primas são literárias, isto é, estáticas; foram fixadas nas formas que já não correspondem às necessidades da época.

Não culpemos a massa e o público, acusemos o anteparo que dispomos entre nós e a massa, e a nova forma de idolatria das obras-primas fixas, característica do conformismo burguês.

Este conformismo nos leva a baralhar o sublime, as ideias e as coisas com as formas que adquiriram com o tempo em nós mesmos; nossas mentalidades arrogantes, de preciosistas e estetas que o público não entende.

Não tem sentido culpar o mau gosto do público, que se regala com a insensatez, enquanto não se mostrar a este público um espetáculo legítimo — legítimo no sentido supremo do teatro — desde os derradeiros grandes melodramas românticos, ou seja, de um século atrás.

O público que acata a mentira como verdade, detém o sentido da verdade, reage sempre de maneira positiva quando a verdade se manifesta.

No entanto, não é na encenação que se há de buscar hoje a verdade, mas nas ruas; e que a multidão das ruas possa ter a oportunidade de expor a sua dignidade humana, ela mostrará.

Se a massa perdeu o hábito de frequentar o teatro, se todos chegamos a considerar o teatro uma arte inferior, um reles meio de distração, usando-o como exultório dos nossos instintos negativos, foi porque nos disseram muitas vezes o que era teatro, isto é, miragem e ilusão. Durante quatrocentos anos, quer dizer, desde o Renascimento, nos acostumaram com um teatro simplesmente descritivo e narrativo, de histórias psicológicas; porque se esforçaram a reviver em cena seres plausíveis, mas apartados — o espetáculo de um lado e o público de outro — e não se mostrou à massa senão a sua própria imagem.

O próprio Shakespeare é culpado por esta aberração e a decadência, essa ideia desinteressada de teatro; uma representação teatral que não transforme o público, sem imagens suscetíveis de o abalar e que deixem uma cicatriz indelével.

Quando em Shakespeare o homem se interessa por algo além de si mesmo, inquire sempre em definitivo as consequências dessa preocupação consigo mesmo, isto é, faz psicologia.

Por outro lado, creio que todos concordamos neste ponto, não é necessário baixar até o execrável teatro moderno francês para condenar o teatro psicológico.

Tais histórias de dinheiro, de avidez por dinheiro, de oportunismo social, de dores amorosas onde nunca intervém um sentido altruísta, de sexualidade pulve-rizada com erotismo sem enigma, isso não é teatro, mas psicologia. As angústias, os estupros, perante tais coisas não somos mais do que voyeurs em deleite, tudo acabará em revolução e acrimônia. É preciso alertar.

Porém, isto não é o mais grave.

Shakespeare e seus plagiadores insinuaram aos poucos a ideia de arte pela arte, com a arte de um lado e a vida de outro, e nos conformamos com essa ideia ineficaz e dolente, enquanto lá fora a vida continua. Muitos sinais nos mostram que tudo o que nos faz viver já não procede, estamos enlouquecidos, desesperados e doentes. E *eu não os convido* a reagir.

Esta ideia de arte distante da vida, de uma poesia-encantamento que só existe para encantar o ócio, é uma ideia decadente, e revela claramente nossa castração.

Nossa admiração literária por Rimbaud, Jarry, Lautréamont e mais alguns, que impulsionaram homens ao suicídio, que para nós se reduz a conversas de café, participa dessa ideia de poesia literária, de arte descomprometida, de atividade espiritual neutra, que não faz nada nem produz; quando a poesia individual, que só compromete quem a faz e apenas no instante que se crie, causa verdadeiro estrago, o teatro foi mais desprezado do que nunca pelos poetas, que jamais possuíram o sentido de ação direta e concertada nem de eficácia ou perigo.

É urgente acabar com essa superstição dos textos e da poesia *escrita*. A poesia escrita vale uma vez, é preciso destruí-la em seguida. Que os poetas mortos cedam o lugar a outros. Ver-se-ia então que a veneração que nos inspira o já criado, por bela e válida que seja, nos petrifica, insensibiliza, nos impede de ter contato com as forças subjacentes, chame-se isso de energia pensante, força vital, determinismo de mudança, monstros lunares ou qualquer outra coisa. Sob a poesia dos textos há a poesia, simples, sem forma e sem texto. Assim como a eficácia das máscaras que certas tribos usam nos seus ritos mágicos, se esgotam uma vez usadas — tais máscaras só servem a partir daí para os museus —, também se esgota a eficácia poética de um texto. No entanto, a poesia e a eficácia do teatro se exaurem menos rapidamente, pois admitem a ação do que gesticula e pronuncia, uma ação que jamais se repete da mesma forma.

O problema é saber o que desejamos. Se estamos dispostos a suportar a guerra, a peste, a fome e o assassínio, sequer temos necessidade de dizê-lo, basta continuar como até agora, comportando-se com arrogância, a massa correndo para ouvir esse ou aquele cantor, tal ou qual maravilhoso espetáculo que nunca suplanta o domínio da arte (nem sequer os balés russos nos momentos de esplendor extrapolaram o domínio da arte), essa ou aquela exposição de pintura onde formas excitantes rebentam aqui ou ali, ao acaso e sem a genuína consciência das forças que poderiam despertar.

Este empirismo, a imprevisibilidade, o individualismo e essa anarquia devem ser concluídos.

Basta de poemas individuais que beneficiam mais a quem os criam, do que a quem os leem.

Basta, de uma vez por todas, de tais manifestações de arte densa, egoísta e pessoal.

Nossa anarquia e desordem espiritual vivem em função da anarquia.

Não sou dos que acreditam que a civilização deve mudar para que o teatro mude; entendo de forma diferente, que o teatro, empregado no sentido mais alto e difícil, é bastante poderoso para influir no aspecto e na formação das coisas. O encontro em cena de duas manifestações apaixonadas, dois centros viventes, dois magnetismos nervosos é algo completo, tão genuíno, tão decisivo como o encontro em vida de duas epidermes num estupro sem amanhã.

Daí propor um teatro da crueldade. O hábito de diminuir, hoje, tudo o que é um patrimônio comum, tão rápido como se diz *crueldade*, e o mundo inteiro entendeu *sangue*. Mas, para mim, *teatro da crueldade* quer dizer teatro difícil e cruel perante tudo. No plano da representação, essa crueldade não é a que podemos manifestar destruindo mutuamente os corpos, mutilando nossa anatomia ou, como os imperadores assírios, enviando pelo correio sacos de orelhas humanas ou narizes cortados cuidadosamente, mas a crueldade muito mais terrível e necessária que as coisas podem exercer em nós. Não somos livres. O céu pode desabar sobre nós. O teatro foi criado para nos ensinar isso, antes de tudo.

Ou estaremos habilitados a regressar por meios modernos e atuais a essa ideia elevada de poesia, e a poesia pelo teatro que está por trás dos mitos dos grandes trágicos antigos, que pode rever a ideia religiosa do teatro (sem reflexão, contemplação vã, e sonhos vagos), e cobrar a consciência e o domínio de certas forças que predominam e algumas ideias que dirigem tudo; (as ideias quando eficazes carregam sua energia consigo), e recobrar em nós tais energias que por fim criam a ordem e aumentam o valor da vida; ou só nos resta abandonar-nos a nós mesmos, sem protesto e de imediato, reconhecendo que só servimos para o caos, a fome, o sangue, a guerra e as epidemias.

Ou trazemos de volta todas as artes numa atitude e numa necessidade centrais, procurando encontrar a analogia entre o movimento da lava da erupção do vulcão, ou devemos deixar de pintar, de gritar, de escrever ou fazer qualquer coisa.

Sugiro devolver ao teatro a ideia elementar e mágica, retomada pela psicanálise moderna, que consiste em curar um doente fazendo-o adotar a atitude exterior aparente do estado que quer ressuscitar.

Proponho renunciar ao empirismo das imagens que o inconsciente favorece casualmente, batizando-as de imagens poéticas e herméticas, como se a espécie de transe que provoca a poesia não ressoasse na sensibilidade inteira, nos nervos, como se a poesia fosse a força vaga de movimentos inalteráveis.

Aconselho retomar através do teatro o conhecimento físico das imagens e dos meios a induzir ao transe, como a medicina chinesa que sabe quais pontos tocar no corpo humano para regular as mais sutis funções.

Quem não esqueceu o poder de comunicação e o mimetismo mágico do gesto pode instruir novamente o teatro, pois o gesto transporta sua própria força, e porque há seres humanos no teatro que manifestam a força num gesto.

Criar arte é impedir ao gesto o seu poder de ressonância no organismo; ressonância que (se o gesto se faz nas condições e com a força requeridas) estimula o organismo, e através dele toda a individualidade a adotar atitudes em harmonia com esse gesto.

O teatro é o único lugar do mundo e o último meio total que temos de afetar diretamente o organismo, e, nos períodos de neurose e sensualidade negativa como a que hoje nos enche, de afrontar a sensualidade por meios físicos irresistíveis.

A música impressiona as serpentes não porque lhes ofereça noções espirituais, mas porque as serpentes são longas e se enrolam na terra, porque tocam a terra com quase todo o corpo, porque as vibrações musicais que se comunicam à terra, são afetadas pela música como uma massagem sutil e demorada; proponho tratar os espectadores como trata o encantador as serpentes, conduzi-los através do organismo às noções mais sutis.

Primeiro, através de meios bruscos, que se refinam aos poucos. Tais meios rudes hão de reter a atenção do espectador.

Por essa razão, no teatro da crueldade o espectador está no centro e o espetáculo ao seu redor.

Neste espetáculo a sonorização é constante: os sons, os ruídos, os gritos são escolhidos pela sua qualidade vibratória, e pelo o que representam.

Entre os meios que se refinam gradualmente, a luz se interpõe no momento certo. A luz que não só dá cor ou ilumina, também tem força, influência, sugestão. A luz de uma caverna verde não transmite ao organismo a mesma disposição sensual do que a luz de um dia de vento.

Após o som e a luz, chega a ação, o dinamismo da ação, aqui o teatro, longe de imitar a vida, tenta se comunicar com as forças puras. Quer as aceite ou negue, existe uma linguagem que chama de 'forças' tudo quanto gera imagens de energia no inconsciente, e crimes gratuitos no exterior.

A ação violenta e concentrada é uma espécie de lirismo, excita imagens sobrenaturais, uma corrente sanguínea de imagens, um jorro sangrento de imagens na cabeça do poeta e na cabeça do espectador.

À revelia dos conflitos que obcecam a mentalidade de uma época, desafio o espectador que tiver conhecido o sangue dessas cenas violentas, que tenha sentido intimamente o trânsito de uma ação superior, ou visto à luz de tais fatos extraordinários os movimentos fantásticos e essenciais do próprio pensamento — a violência e o sangue postos ao serviço da violência do pensamento —, desafio tais espectadores a entregarem-se fora do teatro às ideias de guerra, motins e assassinatos casuais.

Expressa assim, esta ideia parece ousada e pueril. Pretender-se-á que o exemplo cria exemplos que, se a atitude de cura induz à cura, a atitude do crime induz ao crime. Tudo depende da maneira e da pureza com que se fazem as coisas. Há um risco. Mas não esqueçamos que ainda que o gesto teatral seja violento, também é indiferente, o teatro ensina precisamente a inutilidade da ação, e quando posta em prática, não se repetirá, a utilidade superior do estado inutilizado pela ação, que uma vez restaurado produz a sublimação.

Proponho um teatro em que imagens físicas violentas rompam e hipnotizem a sensibilidade do espectador, arrastado pelo teatro com um turbilhão de forças superiores. Um teatro que abandone a psicologia e narre o extraordinário, que mostre os conflitos naturais, as forças naturais e sutis, que se apresente com o poder excepcional de derivação. Um teatro que estimule o transe, como a dança provoca o transe dos dervixes e dos Aissauas, e que aponte ao organismo com instrumentos precisos e meios idênticos que as curas pela música de certas tribos, que admiramos em discos, mas que somos desqualificados para criar entre nós.

Existe o perigo, mas creio que nas atuais circunstâncias me parece que vale a pena arriscar. Não acredito que possamos revitalizar o mundo em que vivemos, seria inútil perseverar nisso; mas proponho algo que nos resgate deste marasmo, em vez de seguir reclamando desse fato, do descontentamento, da inércia e da estupidez em redor.

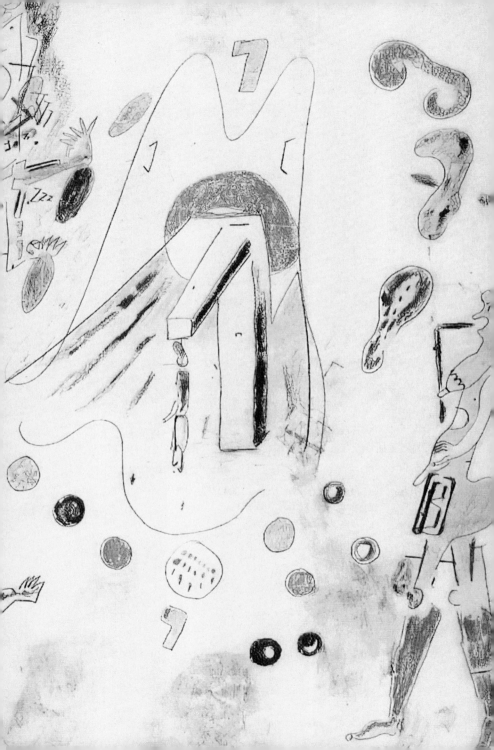

O teatro e a crueldade

Dilapidou-se uma ideia de teatro. Enquanto o teatro se circunscrever a expor-nos cenas íntimas das vidas de alguns fantoches, transformando o público em *voyeur*, perceber-se-á então que a maioria se distanciará do teatro, e o público comum procurará no cinema, no *music-hall* ou no circo deleites violentos, sem se decepcionar.

A intriga do teatro psicológico, que nasceu com Racine, desabituou a ação imediata e violenta que o teatro deveria ter. Por sua vez, o cinema, que nos assassina com imagens de segunda mão filtradas por uma máquina, e que não conseguem *atingir* nossa sensibilidade, mantendo-nos há dez anos nessa desumanização estéril, onde parecem soçobrar as nossas faculdades.

No período angustiante e trágico em que vivemos, precisamos com urgência de um teatro que não seja subjugado pelos fatos, que produza um eco profundo em nós, e que prevaleça sobre a instabilidade da época.

Nossa afeição pelos espetáculos divertidos fez-nos esquecer a ideia de um teatro sério que abale nossos preconceitos, inspire-nos com o magnetismo ardoroso das suas imagens, e atue em nós como terapia espiritual de efeito duradouro.

Tudo o que atua é crueldade. Com tal ideia de ação extrema levada às últimas consequências, o teatro deveria renovar-se.

Convicto de que o público pensa antes de tudo com seus sentidos, e que é absurdo dirigir-se com primazia ao seu entendimento, como faz o teatro psicológico comum, o Teatro da Crueldade propõe um espetáculo de massas; procura na agitação tremenda das massas, alvoroçadas e lançadas umas contra as outras, um pouco da poesia das festas e da multitude quando em dias, hoje demasiado raros, o povo invade as ruas.

O teatro deveria oferecer-nos tudo quanto possa encontrar no amor, no crime, na guerra ou na loucura, se quiser recuperar sua demanda.

O amor cotidiano, a ambição pessoal, as agitações diárias, têm valor em relação a essa espécie de lirismo extraordinário dos Mitos que algumas coletividades acataram.

Faremos a tentativa de o drama se concentrar nos personagens famosos, nos crimes bárbaros, devoções sobre-humanas, sem o auxílio das imagens mortas dos antigos mitos, apto a extrair a luz das forças que se esgotaram neles.

Em resumo, acreditamos que na chamada poesia pulsam forças vivas, que a imagem de um crime apresentada em condições teatrais adequadas, é infinitamente mais terrível ao espírito que a execução real deste mesmo crime.

Queremos transformar o teatro numa realidade verossímil, que seja para o coração e os sentidos essa espécie de mordida concreta que acompanha a sensação. Assim como os sonhos nos afetam, e a realidade afeta os sonhos, cremos que as imagens do pensamento podem identificar-se com os sonhos, terão eficácia se forem projetadas com a devida violência. O público acreditará nos sonhos do teatro, se os aceitar de fato como sonhos e não como cópia subserviente da realidade, se permitirem liberar-se nele a liberdade mágica do sonho, que só se pode reconhecer impregnada de crueldade e terror.

Daí o recurso à crueldade e o terror, ainda que numa vasta escala, numa amplitude capaz de sondar nossa vitalidade e nos confronte com todas as possibilidades.

Para se lograr a sensibilidade do espectador por todas as perspectivas, preconizamos um espetáculo giratório, que em vez de transformar a cena e a sala em dois mundos cerrados, sem comunicação, alastre os seus esplendores visuais e sonoros sobre a massa inteira de espectadores.

Abandonando o domínio das paixões analisáveis, pensamos fazer com que o lirismo do ator manifeste as forças exteriores, introduzindo através disso no teatro restaurado toda a natureza.

Por ambicioso que seja este programa, não sobrepuja o teatro que, para nós, se identifica com as forças da antiga magia.

Na prática, desejamos restaurar uma ideia de espetáculo total, em que o teatro recupere do cinema, do *music-hall*, do circo e da própria vida o que sempre foi seu. Esta separação entre o teatro analítico e o mundo plástico nos parece algo néscio. É impossível separar o corpo do espírito, ou os sentidos da inteligência, sobretudo no domínio onde a fadiga renovada dos órgãos precisa de bruscos e intensos abalos que possam reavivar o nosso entendimento.

Por um lado, o caudal e a extensão do espetáculo dirigido a todo o organismo; por outro, a mobilização intensa de objetos, gestos, signos, utilizados com novo sentido. A mínima margem outorgada ao entendimento leva à compreensão enérgica do texto; a parte ativa concedida à obscura emoção poética impõe signos materiais. As palavras dizem pouco ao espírito; a extensão e os objetos falam; as imagens novas falam, até as imagens das palavras. No espaço onde troam imagens e se acumulam sons, também se fala, se soubermos intercalar extensões suficientes de espaço repletas de mistério e imobilidade.

De acordo com esse princípio, projetamos um espetáculo em que os meios de ação direta sejam usados na totalidade; um espetáculo que não tenha temor em perder-se na exploração da nossa sensibilidade nervosa, com ritmos, sons, palavras, ressonâncias e murmúrios, com qualidade e surpreendentes mesclas nascidas da técnica que não se deve divulgar.

As imagens de certas pinturas de Grünewald ou Hieronimus Bosch revelam bastante o que pode ser um espetáculo em que, como na mente de um santo qualquer, os objetos da natureza exterior hão de surgir como tentações.

Neste espetáculo da tentação, onde a vida pode perder, e o espírito ganhar tudo, o teatro há de recuperar o seu significado verdadeiro.

Mostramos noutra parte o programa que os meios de pura encenação, descobertos no próprio cenário, possam se organizar em torno de temas históricos ou cósmicos conhecidos por todos.

Insistimos no fato de que o primeiro espetáculo do Teatro da Crueldade revelará a preocupação das massas, mais imperativas e inquietantes que as de qualquer indivíduo.

Trata-se agora de saber se em Paris, antes que os cataclismos anunciados desabem sobre nós, encontrar-se-ão meios satisfatórios de produção, financeiros ou semelhantes, que permitam manter esse teatro (ainda que subsista de todas as maneiras, pois é o futuro), ou se necessitaria em seguida de um pouco de sangue verdadeiro para manifestar essa crueldade.

the atre

la   cruauté

O teatro da crueldade

Primeiro Manifesto

Deve-se evitar a ideia de *prostituir* o teatro, que possui um só objetivo: sua relação cruel e mágica com a realidade e o risco.

Exposto dessa maneira, o problema do teatro deve atrair a atenção geral, subentende-se assim que o teatro, pelo aspecto físico, por exigir *expressão no espaço* (na verdade, a única expressão real) admite que os meios mágicos da arte e a palavra se exerçam organicamente e por completo, como exercícios renovados. Ou seja, que o teatro não retomará seus poderes inerentes de ação se antes não lhe for devolvida a linguagem.

Ao invés de insistir em textos considerados definitivos e sagrados, implica antes de tudo romper com a sujeição do teatro ao texto, resgatar a noção de linguagem única, a meio caminho entre o gesto e o pensamento.

Esta linguagem não pode ser definida senão como possível expressão dinâmica no espaço, oposta às possibilidades de expansão (para além das palavras), de desenvolvimento do espaço, de ação dissociadora e vibratória sobre a sensibilidade. Aqui intervém nas entonações a pronúncia peculiar de uma palavra. Insere-se, também, (além da linguagem auditiva dos sons) a linguagem visual dos objetos, os movimentos, os gestos, as atitudes, e prolongando o sentido, as fisionomias, as combinações de palavras até transformá-las em signos, fazendo de tais signos uma espécie de alfabeto. Após recobrar a consciência dessa linguagem no espaço, linguagem de sons, gritos, luzes, onomatopeias, o teatro precisa organizá-lo em hieróglifos genuínos, com ajuda de objetos e personagens, usando simbolismos e correspondências em relação com todos os órgãos e em todos os níveis.

Trata-se, pois, para o teatro, de criar a metafísica da palavra, do gesto, da expressão para resgatá-lo da sua subjugação à psicologia e aos interesses humanos. Nada disso ajudará se em conjunto com o esforço não houver a inclinação metafísica real, o apelo a certas ideias insólitas que através da sua natureza são limitadas, não podem ser descritas formalmente. Tais ideias sobre a Criação e o Devir, o Caos, são todas de ordem cósmica e admitem que se vislumbre o domínio que o teatro hoje totalmente desconhece; elas permitirão criar uma espécie de equação apaixonada entre o Homem, a Sociedade, a Natureza e os Objetos.

Por outro lado, não se trata de colocar diretamente em cena ideias metafísicas, mas criar algo assim como tentações, equações do ar em torno destas ideias. O humor com a sua anarquia, a poesia com o seu simbolismo e as imagens nos oferecem a noção inicial sobre os meios de analisar tais ideias.

Fazemos referência agora ao aspecto unicamente material desta linguagem. Ou seja, a todos os modos e meios que dispõe para atuar sobre a sensibilidade.

Seria vão afirmar que inclui a música, a dança, a pantomima ou a mímica. É óbvio que usa movimentos, harmonias, ritmos, mas só enquanto concorrem a um gênero de expressão central sem favorecer uma arte em particular. O que não quer dizer tampouco que não utilize fatos comuns, paixões banais, mas como um trampolim, da mesma maneira que o HUMOR-DES-TRUIÇÃO pode conciliar o riso com os hábitos da razão.

Mas, com o sentido completamente oriental da expressão, essa linguagem objetiva e concreta do teatro fascina e estende uma linha entre os órgãos. Adentra na sensibilidade. Abandonando os usos ocidentais da palavra, transforma os vocábulos em encantamentos. Acaba por embutir extensão na voz. Aproveita as vibrações e as qualidades da voz. Faz com que o movimento dos pés acompanhe os ritmos sem orientação. Martela os sons. Tenta exaltar, extasiar, encantar e deter a sensibilidade. Libera o sentido do novo lirismo do gesto que, por sua precipitação ou amplitude aérea, conclui a superação do lirismo das palavras. Consegue cindir, por fim, com a sujeição intelectual da linguagem, injetando-lhe o sentido de uma nova intelectualidade, mais profunda e que esconde sob gestos e signos elevados à grandeza de exorcismos peculiares.

Todo este magnetismo e toda a poesia e os seus meios claros de encanto, não significariam nada se não conseguissem inserir fisicamente o espírito no caminho para outra coisa, se o genuíno teatro não nos expusesse o sentido da criação da qual só conhecemos um lado, mas que se completa noutros planos.

Pouco importa que tais planos sejam conquistados de fato, conquistados ou não pelo espírito, isto é, pela inteligência, pois isso seria nos diminuir, o que não tem interesse nem sentido. O importante é dispor a sensibilidade, pelos meios certos, num estado de percepção profunda e aguda, tal é o objeto da magia e dos ritos dos quais o teatro é só o reflexo.

TÉCNICA

Trata-se de fazer do teatro, no sentido cabal da palavra, uma função; algo tão localizado e exato como a circulação do sangue pelas artérias, o desenvolvimento, caótico na aparência, das imagens de sonho no cérebro, e isso pelo encadeamento cabal, pelo verdadeiro esclarecimento da atenção.

O teatro só voltará a ser ele mesmo, um meio autêntico de ilusão, quando propiciar ao espectador sonhos verdadeiros e precipitados, em que o gosto pelo crime, suas obsessões eróticas, sua cólera, quimeras, o sentido utópico da vida e das coisas e até o seu canibalismo, transbordem num plano não fingido e enganador, senão interior.

Noutros termos, o teatro tentará através de todos os meios recolocar em discussão, não só os aspectos externos do mundo objetivo e descritivo, mas também do mundo interno, ou seja, do homem considerado metafisicamente. Só dessa maneira, parece-nos, falar--se-á outra vez no teatro dos direitos da imaginação. Não significa nada o humor, a poesia, a imaginação, por meio da destruição anárquica geradora da emancipação extraordinária de formas que constituirão o espetáculo, se não conseguem repensar organicamente o homem, com suas ideias sobre a realidade, e o seu lugar poético na realidade.

Considerar o teatro como função psicológica ou moral de segunda mão e supor que os sonhos têm só a função substitutiva, é diminuir a profunda dimensão poética dos sonhos e do teatro. Se o teatro é, como os sonhos, sanguinário e desumano, revela e incute inesquecivelmente em nós a ideia do conflito eterno e do espasmo onde a vida obsta sempre tudo, onde toda a criação se eleva e atua contra nossa posição estabelecida, fazendo perdurar, de modo concreto e atual, as ideias metafísicas de certas fábulas que pela própria atrocidade e energia mostram sua origem e a continuidade em princípios essenciais.

Portanto, vê-se que a linguagem crua do teatro, uma linguagem não verbal, mas real, permitirá, próximo aos princípios que transmitem sua energia, e segundo o uso do magnetismo nervoso do homem, transgredir os limites ordinários da arte e da palavra, e realizar secretamente, ou seja, magicamente, *em termos genuínos*, um gênero de criação total e que o homem possa recuperar o seu posto entre o sonho e os acontecimentos.

OS TEMAS

Não pretendemos sobrecarregar o público com inquietações cósmicas transcendentes. Que existam chaves profundas de pensamento e ação, suscetíveis de esclarecer a compreensão do espetáculo, não diz respeito ao espectador, nem lhe interessa.

*
* *

O espetáculo

Em todo espetáculo haverá um elemento físico e objetivo, perceptível a todos. Gritos, lamentos, aparições, sobressaltos, efeitos teatrais de toda espécie, beleza mágica das vestimentas retiradas de certos modelos rituais, esplendor da luz, o fascínio da graça das vozes, o encanto da harmonia, raras notas musicais, objetos coloridos, ritmo físico dos movimentos cujo o crescer e decrescer se harmonizarão com a pulsação dos movimentos familiares, aparições concretas de objetos novos e surpreendentes, máscaras, bonecos de vários tamanhos, alterações súbitas de luz, ação física da luz que desperta sensações de calor, frio, etc.

A encenação

A linguagem típica do teatro terá o seu centro na encenação, considerada senão como simples grau de refração de um texto em cena, mas como ponto de partida de toda criação teatral. O uso e o manejo dessa linguagem se dissolverão na antiga dualidade de autor e diretor, e substituídos por uma espécie de criador único, sob o qual caberá a dupla responsabilidade do espetáculo e da ação.

A linguagem de cena

Não se trata de anular a palavra falada, mas aproximar um pouco as palavras da importância que têm nos sonhos.

Há que encontrar novos meios de anotar essa linguagem, seja na ordem da transcrição musical, ou num gênero de linguagem cifrada.

Em relação aos objetivos comuns, inclusive ao corpo humano, elevados à dignidade de signos, pode-se buscar inspiração nos caracteres hieroglíficos, não só para anotar tais signos de forma legível, de modo que seja fácil reproduzi-los, senão para compor em cena símbolos exatos e legíveis.

Por outro lado, a linguagem cifrada, a transcrição musical, serão uma maneira valiosa de transcrever vozes.

Como nesta linguagem é essencial o emprego peculiar das entonações, serão ordenadas segundo o equilíbrio harmônico, a deformação secundária da linguagem será reproduzida à vontade.

Da mesma forma, as dez mil e uma expressões da face reproduzidas em máscaras poderão ser rotuladas e catalogadas, para que participem direta e simbolicamente na linguagem concreta de cena, independente do uso psicológico particular.

Tais gestos simbólicos, as máscaras, atitudes, os movimentos individuais ou grupais, com inúmeros significados que são parte importante da linguagem concreta do teatro, gestos evocatórios, atos emotivos ou arbitrários, macerações excitadas de ritmos e sons, serão duplicados, multiplicados por atitudes e gestos, a totalidade dos gestos impulsivos, das atitudes truncadas, dos lapsos do espírito e da língua, meios que manifestam o que poderíamos chamar de impotências da palavra, em que existe a prodigiosa riqueza de expressões às quais não deixaremos de nos socorrer oportunamente.

Reside aí a ideia concreta da música, em que os sons irrompem como personagens, as harmonias se acoplam em parelhas e se perdem nas intervenções exatas das palavras.

Entre um meio e outro de expressão geram-se correspondências e graduações; tudo, até a luz, pode assumir um sentido intelectual determinado.

Os instrumentos musicais

Serão tratados como objetos e parte do cenário.

Entretanto, a necessidade de atuar direta e profundamente sobre a sensibilidade por meio dos órgãos, convoca a busca, do ponto de vista dos sons, de qualidades e vibrações novas (qualidades ausentes dos instrumentos musicais hoje em uso), obrigando a reabilitar instrumentos antigos e esquecidos, e criar novos. Incita a procurar, fora da música, instrumentos e aparatos baseados em combinações metálicas especiais ou em ligas novas, capazes de atingir outro diapasão de oitava, gerar sons ou ruídos insuportáveis, lancinantes.

A luz, a iluminação

Os aparatos de luz usados hoje no teatro não são adequados. É preciso investigar a ação particular da luz sobre o espírito, os efeitos das vibrações luminosas, em conjunto com novos métodos de expansão da luz, em camadas, ou uma chuva de flechas flamejantes. É preciso rever, do princípio ao fim, a gama colorida dos aparelhos atuais. Para se obter as qualidades dos tons particulares é preciso introduzir na luz o elemento da sutilidade, a densidade, a opacidade e sugerir o calor, frio, cólera, temor, etc.

A roupa

No que diz respeito à roupa, e sem pensar que possa haver uma roupa análoga no teatro, como para todas as obras, evitar-se-á a roupa moderna, na medida do possível, não por qualquer motivo fetichista e supersticiosa reverência pelo antigo, mas porque é absolutamente óbvio que certas roupas milenares, de uso ritual — embora, às vezes, tenha sido de época — detêm uma beleza e aparência reveladoras, por sua estrita relação com as tradições de origem.

A cena, a sala

Eliminemos a cena e a sala, em substituição por um local único, sem divisões nem obstáculos, será o próprio teatro de ação. Restabelecer-se-á a comunicação direta entre o espectador e o espetáculo, entre o ator e o espectador, já que o espectador, disposto no centro da ação, estará cercado e atravessado por ela. Este envolvimento tem sua origem na configuração da própria sala.

De maneira que, abandonando as salas de teatro atuais, tomaremos um galpão ou um celeiro, que modificaremos conforme os procedimentos que culminaram na arquitetura de certas igrejas, de alguns locais sagrados e de determinados templos do Alto Tibete.

No interior dessa construção prevalecerão algumas proporções de altura e profundidade. A sala será limitada por quatro paredes, sem qualquer adereço, e o público estará sentado no meio da sala, em baixo, em cadeiras móveis, que permitirão seguir o espetáculo que acontece ao seu redor.

Com efeito, a ausência de palco, no sentido comum da palavra, convidará à ação desenvolvida nos quatro cantos da sala. Alguns lugares estarão reservados aos atores e a ação decorrerá nos quatro pontos cardeais da sala. As salas serão interpretadas perante o fundo de paredes pintadas com cal, que absorverão a luz. Na parte superior, galerias contornarão a sala, como em alguns quadros primitivos. Tais galerias permitirão que os atores, toda vez que a ação exigir, caminhem de um ponto ao outro da sala, que a ação se desenvolva em todos os níveis e em todos os sentidos da perspectiva, tanto na altura e na profundidade. O grito lançado de um extremo se transmitirá de boca a boca, com amplificações e modulações sucessivas até o outro extremo. A ação romperá o seu círculo, estenderá a sua trajetória em todos os níveis, de um ponto a outro, os paroxismos logo surgirão, ardendo como incêndios em distintos pontos. O caráter de ilusão genuína do espetáculo, tal como a ação direta e imediata sobre o espectador, não serão palavras vãs. A difusão da ação pelo grande espaço exigirá que a luz de uma cena e as luzes distintas da representação, comoverão o público e as personagens; as diferentes ações simultâneas, as distintas fases da ação idêntica (e que os personagens, juntos como abelhas no enxame, suportarão todas incursões das situações e as investidas exteriores dos elementos e da tempestade) corresponderão aos meios físicos que produzirão a luz, trovões ou vento, e cujas repercussões abalarão o espectador.

Contudo, há de se reservar um ponto central que, sem servir como palco, permitirá que grande parte da ação se concentre e intensifique quando for necessário.

Os objetos, máscaras e adereços

Manequins, máscaras, objetos de proporções singulares hão de surgir com a mesma proeminência que as imagens verbais, vão assinalar o aspecto concreto de toda imagem e expressão, como corolário todos os objetos que exigem habitualmente representação física estereotipada aparecerão escamoteados ou dissimulados.

O cenário

Não haverá cenário. Quem cumprirá essa função serão os personagens hieroglíficos, as roupas rituais, bonecos de dez metros de altura que representarão a barba do Rei Lear na tempestade, os instrumentos musicais grandes como homens, e objetos de forma e fins desconhecidos.

A atualidade

Muitos hão de dizer que um teatro tão separado da vida, de fatos e inquietações atuais... Da atualidade e de acontecimentos, sim! das preocupações enquanto há nelas a profundidade reservada a poucos, não! No *Zohar*, a história de Rabbi Simeão arde como o fogo, é tão atual como o próprio fogo.

As obras

Não interpretaremos peças escritas, trabalharemos encenações diretas em torno de temas, fatos e obras conhecidas. A natureza e a própria disposição da sala sugerem o espetáculo e não podemos recusar nenhum tema, por mais vasto que seja.

Espetáculo

Convém ressuscitar a ideia de espetáculo integral. O problema é dar voz ao espaço, alimentá-lo e guarnecê-lo, como minas numa muralha branca, que explodem em gêiseres e buquês de pedras.

O ator

O ator, por sua vez, é o elemento de primordial importância, pois da sua interpretação eficaz depende o êxito do espetáculo, e uma espécie de elemento passivo e neutro, já que é-lhe negado rigorosamente qualquer iniciativa pessoal. Não há neste domínio, por outro lado, uma regra precisa; entre o ator que solicita um soluço e que deve pronunciar um discurso com todas as suas qualidades pessoais de persuasão, existe a distância que separa o homem de um instrumento.

A interpretação

Será um espetáculo cifrado, de um ponto a outro, como a linguagem. Desta maneira, não se perderá nenhum movimento, todos os movimentos obedecerão ao ritmo; como os personagens serão só tipos, os gestos, a fisionomia, a roupagem, surgirão como simples traços de luz.

O cinema

A crua visualização do que é, opõe-se ao teatro através das imagens da poesia do que não é. Por outro lado, do ponto de vista da atuação, não é possível comparar a imagem cinematográfica com a imagem teatral que obedece a todas as exigências da vida.

A crueldade

Sem um elemento de crueldade na base de todo espetáculo, não é possível o teatro. No presente estado de degeneração, só através da pele a metafísica penetrará no espírito.

O público

Antes de tudo, é preciso que exista este teatro.

O programa

Encenaremos, sem considerar o texto:

1. Uma adaptação de uma obra de Shakespeare, totalmente em acordo com o estado atual de tumulto dos espíritos, mesmo que se trate de uma peça apócrifa de Shakespeare, como *Arden of Feversham*, ou de qualquer época.

2. Uma peça de liberdade poética extrema, de Léon Paul Fargue.

3. Um extrato do *Zohar*, a história do Rabi Simeão, que apresenta sempre a violência e a força da conflagração.

4. A história de Barba Azul, remontada segundo arquivos e a ideia nova de erotismo e crueldade.

5. A queda de Jerusalém, segundo a Bíblia e a história, com a cor avermelhada do sangue que mana da cidade, e o sentimento de abandono e pânico da massa, visível até na luz; por outro lado, as disputas metafísicas dos profetas, a incrível agitação intelectual que criaram e repercutiu fisicamente no rei, o templo, o populacho e os fatos.

6. Um conto do Marquês de Sade, em que se ultrapasse o erotismo, apresentado alegoricamente como

exteriorização violenta da crueldade e simulação do resto.

7. Um ou vários melodramas românticos onde o inverossímil será o elemento poético ativo e concreto.

8. O *Woyzeck* de Büchner, como reação contra os nossos próprios princípios, como exemplo do que se pode obter cenicamente de um texto preciso.

9. Obras do teatro elizabetano, privadas do seu texto, mantendo só os ornatos de época, as situações, os personagens e a ação.

Cartas sobre a crueldade

PRIMEIRA CARTA

Paris, 13 de setembro de 1932

A J.P.

Querido amigo,

Não posso esclarecer minuciosamente o meu manifesto, talvez deturpasse o meu propósito. Tudo que posso fazer agora é explicar o título *Teatro da Crueldade*, e justificar sua escolha. Não há sadismo nem sangue nesta crueldade, pelo menos de maneira exclusiva.

Não cultivo o horror com qualquer sistematicidade. A palavra crueldade deve ser compreendida no sentido amplo, não no sentido material que normalmente lhe dão. Reclamo assim o direito de praticar a ruptura com o sentido comum da linguagem, de rebentar de uma vez por todas com a armadura, de romper as correntes, regressar enfim às origens etimológicas da linguagem que, com conceitos abstratos, evoca elementos concretos.

É lícito imaginar a crueldade pura, sem esfacelamento carnal. Filosoficamente falando, o que é a crueldade?

Do ponto de vista do espírito, crueldade significa rigor, aplicação e decisão implacável, determinação irreversível, absoluta.

O determinismo filosófico corrente é, na perspectiva da nossa existência, uma imagem da crueldade.

De maneira incorreta, concede-se à palavra crueldade o sentido de rigor sangrento, de demanda gratuita e indiferente de mal físico. O Rás etíope que arrebata príncipes vencidos e lhes impõe o cativeiro, não procede assim por amor atormentado pelo sangue. Com efeito, a crueldade não é sinônimo de sangue vertido, de carne torturada, de inimigo crucificado. Esta identificação da crueldade com os suplícios é apenas um aspecto limitado da questão. No exercício da crueldade há uma espécie de determinismo superior, ao qual o próprio carrasco supliciador se submete, que está disposto a suportar tudo quando chegar a hora. A crueldade é antes de tudo lúcida, um gênero de direção rígida, de submissão às necessidades. Não existe crueldade sem consciência, sem um gênero de consciência aplicada. A consciência é a que atribui ao exercício do ato de vida a sua cor sangrenta, o matiz cruel, pois implica que a vida é sempre a morte de alguém.

SEGUNDA CARTA

Paris, 14 de novembro de 1932

A J.P.

Querido amigo,

A crueldade não se incorporou ao meu pensamento, esteve sempre nele, mas carecia de ter consciência dela. Uso a palavra crueldade no sentido de fome de vida, de rigor cósmico e necessidade obstinada, o sentido gnóstico de turbilhão de vida que devora as trevas, o sentido da dor, fora da qual, a inelutável necessidade de viver não prossegue; deseja-se o bem, é o resultado de um ato; o mal é permanente. Quando o deus oculto cria, sujeita-se à necessidade cruel da criação, que ele mesmo se impôs, não permite deixar de criar, isto é, de admitir no centro do turbilhão voluntário do bem um núcleo do mal cada vez mais reduzido e consumido. O teatro, como criação contínua, ação mágica total, segue essa necessidade. Uma peça em que não intervém essa necessidade, essa fome de vida cega e apta a passar por cima de tudo, visível nos gestos, nos atos, no aspecto transcendente da ação, seria uma peça inútil e fracassada.

TERCEIRA CARTA

Paris, 16 de novembro de 1932.

A M. R. de R.

Querido amigo,

Confesso-lhe que não entendo nem admito as objeções feitas ao meu título. Acredito que a criação e a própria vida só se definem pelo rigor, portanto, de crueldade essencial, que conduz as coisas ao fim inevitável a qualquer preço.

O esforço é uma crueldade, a existência pelo esforço é uma crueldade. Abandonando o repouso e estendendo-se até atingir o ser, Brahma sofre um sofrimento que talvez produza harmonias alegres, mas que no extremo derradeiro da curva pode apenas expressar-se segundo a aniquilação terrível.

No ardor da vida, na fome de vida, no impulso irracional da vida, existe uma espécie de maldade primordial, o desejo de Eros é a crueldade enquanto se alimenta de contingências; a morte é crueldade, a ressurreição é crueldade, a transfiguração é crueldade, já que num mundo circular e cerrado não há lugar para a morte verdadeira, como toda ascensão é aniquilação, e o espaço fechado se nutre de vidas, e toda vida mais poderosa passa através das outras consumindo-as, assim no massacre que é a transfiguração do bem. Na manifestação do mundo, falando de forma metafísica, o mal é a lei perene, e o bem o esforço por onde a crueldade se soma à outra.

Não entender isso é não compreender as ideias metafísicas. Não se afirme depois que o meu título parece limitado. A crueldade enrijece as coisas, modela os planos do mundo criado. O bem está sempre no semblante exterior, mas a face interior é o mal. Mal que eventualmente será reduzido, mas só no instante supremo, quando tudo o que foi forma esteja na iminência de regressar ao caos.

Cartas sobre a linguagem

PRIMEIRA CARTA

Paris, 15 de setembro de 1931

A M.B.C

Senhor,
Afirma num artigo sobre a encenação e o teatro "que se se considerar a encenação como uma arte autônoma, corre-se o risco de claudicar nos piores erros", e, "A apresentação, o aspecto espetacular da obra dramática não é determinada de maneira independente". E o senhor acrescenta que essas são verdades elementares.

O senhor tem mil vezes razão ao considerar a encenação apenas como arte menor e subsidiária; e os que a utilizam com o máximo de independência lhe negam toda originalidade primordial. Enquanto a encenação continuar a ser, até no espírito dos diretores mais livres, um mero meio de apresentação, um modo acessório de expressar a obra, uma espécie intermediária espetacular, sem significado próprio, só terá valor enquanto se dissimular detrás das obras que lograr servir. E continuará a ser dessa maneira, enquanto o mais interessante de uma obra representada for o texto, enquanto no teatro — arte da representação — a literatura for mais importante do que a representação inadvertidamente designada de espetáculo, com tudo o que este termo implica de pejorativo, acessório, efêmero e exterior.

Isto parece ser a verdade primordial, anterior a qualquer outra: que o teatro, arte independente e autônoma, há que acentuar para reviver, ou simplesmente para viver; tudo aquilo que o diferencia do texto, da palavra pura, da literatura e de qualquer outro meio escrito e fixo.

Não é impossível conceber um teatro baseado na preponderância do texto, de um texto cada vez mais verbal, redundante e enfadonho, ao qual a estética da cena se submete.

Tal concepção de teatro que consiste em instalar as pessoas numa fileira de cadeiras ou poltronas, para que se contem contos, por mais maravilhosos que sejam, não é quiçá a negação absoluta do teatro, que em nada necessita de movimento para ser o que é, por certo, a sua perversão.

Que o teatro tenha se transformado em algo fundamentalmente psicológico, alquimia intelectual de sentimentos, e que o máximo de arte em matéria dramática seja, por fim, um certo ideal de silêncio e imobilidade, não é senão a perversão em cena da ideia de concentração.

Contudo, essa concentração interpretativa, que os japoneses, por exemplo, empregam entre outros meios de expressão, vale apenas como meio entre tantos. Transformá-la no objetivo da cena, é abster-se de usar a cena, como se alguém usasse as pirâmides para abrigar o cadáver de um faraó, com o pretexto de que o féretro caberia num nicho, e se contentasse com o nicho, destruindo as pirâmides. E junto com as pirâmides faria explodir todo um sistema filosófico e mágico, do qual o nicho era apenas o ponto de partida, e o cadáver uma condição.

Por outro lado, o diretor se confunde ao cuidar do cenário em detrimento do texto, talvez menos equivocado que o crítico que condena sua preocupação com a encenação.

Ao atentar para a encenação que, numa peça de teatro é a parte verdadeira e especificamente teatral do espetáculo, o diretor alinha na direção genuína do teatro, que é o tema da realização. Mas ambos jogam com as palavras; a expressão *encenação* adquiriu um sentido depreciativo com o uso, devido à nossa concepção europeia de teatro, que situa a linguagem falada sobre todos os meios de expressão.

Não se provou em absoluto que não haja uma linguagem superior à linguagem verbal. Parece que na cena (diante de todo o espaço que precisa ser ocupado e onde acontece algo), a linguagem das palavras deveria ceder perante a linguagem dos signos, cujo aspecto objetivo é o que nos afeta de maneira imediata.

A partir de uma perspectiva, o trabalho objetivo da encenação assume uma espécie de dignidade intelectual na origem do desaparecimento das palavras e dos gestos, do fato que a parte plástica e estética do teatro abandonam o seu caráter decorativo intermediário para se converter, no sentido exato do termo, na *linguagem* diretamente comunicativa.

Noutras palavras, se é certo que numa peça criada para ser falada o diretor não deve se equivocar com os efeitos dos cenários iluminados, com menor ou maior sabedoria, atos de grupos, movimentos furtivos e efeitos que poderíamos chamar epidérmicos, que só sobrecarregam o texto, se situa, por sua vez, mais próximo da realidade concreta do teatro do que o autor que restringir-se-ia ao livro, sem recorrer ao cenário, cujas necessidades espaciais parecem fugir-lhe.

Assinalar-se-ia aqui o valor dramático elevado de todos os grandes trágicos, dominados aparentemente pelo aspecto literário, ou pelo aspecto falado.

Responderei a isso que, se hoje expomos de maneira inábil a ideia sobre Ésquilo, Sófocles ou Shakespeare, é porque perdemos o sentido da física deste teatro. Hoje, escapa-nos o aspecto diretamente humano e ativo de um modo de falar e mover-se, de todo ritmo cênico. É um aspecto que deveria ter tanta importância como a admirável dissecação falada da psicologia dos seus heróis.

Neste aspecto, pela gesticulação precisa transformada pelas épocas e que atualiza os sentimentos, encontrar-se-á outra vez a profunda humanidade deste teatro.

Ainda que fosse dessa maneira, e mesmo que tal física existisse de fato, eu continuaria a afirmar que nenhum destes grandes trágicos é o próprio teatro; é a materialização cênica que vive apenas de materialização. Pode-se afirmar que o teatro é uma arte inferior — mas há que comprová-lo —, porém o teatro deve, de certa maneira, fornecer e instilar a cena, conflagrar os sentimentos, as sensações humanas, num determinado ponto, criando situações em suspensão, mas expressas através de gestos concretos.

Além disso, tais gestos concretos exigem uma notável eficácia, capaz de conduzir até a necessidade de esquecer a linguagem falada. Mesmo que a linguagem falada exista, deve ser apenas uma resposta, a trégua num espaço agitado; e os gestos cimentados hão de atingir, através da eficácia humana, o valor da verdadeira abstração.

Em resumo, o teatro transformar-se-á numa espécie de demonstração experimental da identidade profunda do concreto e do abstrato.

A par da cultura das palavras, há a cultura dos gestos. Existem outras linguagens no mundo além da nossa linguagem ocidental que optou pela precisão, pela aridez das ideias, que as apresenta estáticas e incapazes de despertar um sistema de analogias naturais, como as línguas do Oriente.

É lícito deixar que o teatro continue a ser o mais eficaz e ativo ato de passagem dessas imensas perturbações analógicas em que as ideias são detidas em pleno voo, num ponto qualquer da sua transmutação abstrata.

Nenhum teatro há de ignorar tais transformações cartilaginosas de ideias, que os sentimentos conhecidos e concluídos agregam a expressão de estados espirituais próprios do domínio da semiconsciência, expressos sempre adequadamente pela sugestão dos gestos do que pelas determinações exatas e localizadas das palavras.

A ideia superior de teatro parece ser, em síntese, a que nos reconcilia filosoficamente com o devir, a que sugere, através de toda espécie de situações objetivas, a noção fortuita de passagem e transmutação das ideias em coisas, muito mais do que a formação e o declinar dos sentimentos em palavras.

Parece também, e é de um anseio semelhante que o teatro surgiu, que o apetite do homem só deva intervir ao enfrentar magneticamente o seu destino. Não para submeter-se a ele, mas para enfrentá-lo.

SEGUNDA CARTA

Paris, 28 de setembro de 1932

A J. P.

Caro amigo,

Não acredito que após ler meu manifesto possa perseverar em sua objeção; não o leu de fato, ou leu-o de forma errada. Meus espetáculos não se parecem em nada com as improvisações de Copeau. Por mais que se assemelhem em concreto, no exterior, por mais que fundem suas raízes na natureza livre e não nas câmaras fechadas do cérebro, de maneira alguma se entregam ao capricho da inspiração inculta e irreflexiva do ator; menos do ator moderno que se lhe tirar o texto, per-der-se-á, sem saber o que fazer. Não entregarei a tal acaso meus espetáculos e o teatro. Não.

Atente-se para o que acontecerá de fato. Trata-se de mudar o ponto de partida da criação artística, de abalar as leis comuns do teatro, de substituir a linguagem falada pela linguagem da natureza distinta com possibilidades expressivas equivalentes às da linguagem verbal, mas nascidas na fonte profunda, num ponto recôndito do pensamento.

Falta descobrir ainda a gramática desta nova lin-guagem. O gesto é a sua matéria e a sua cabeça; caso prefiram, o seu alfa e ômega. Parte da NECESSIDADE de linguagem, mais do que da linguagem já formada.

Mas ao se deparar com o impasse da palavra, regressa espontaneamente ao gesto. Perpassa pelas leis da expressão humana. Afunda na necessidade. Refaz poeticamente a trajetória que culminou com a criação da linguagem. Mas com a consciência amplificada dos mundos que moveu pela linguagem da palavra, e faz reviver todos os aspectos. Ilumina outra vez as relações fixas e encerradas nas estratificações da sílaba humana, que esta confinou e eliminou. Refaz mais uma vez, plano a plano, termo a termo, todas as operações pelas quais a palavra passou para falar deste incendiário do qual nos protege o Fogo Pai, como um escudo sob a forma de Júpiter, a contração latina de Zeus-Pai grego; todas as operações por meio de gritos, onomatopeias, signos, atitudes, meio lentas, abundantes e apaixonadas modulações nervosas. Afirmo, em primeiro lugar, que as palavras não querem dizer tudo, e pela sua natureza e pelo seu caráter definido, fixado para sempre, detêm e paralisam o pensamento, em vez de permitir e favorecer o seu desenvolvimento. Entendo por desenvolvimento verdadeiras qualidades concretas, extensas, posto que estamos num mundo concreto e extenso. A linguagem do teatro indica encerrar e utilizar a extensão, isto é, o espaço, e utilizando-o, fazê-lo falar. Pego os objetos, as coisas da extensão, como imagens, palavras, e unindo-as, fazer que respondam umas às outras, segundo as leis do simbolismo e das analogias viventes. Leis eternas que são as de toda poesia e toda linguagem factível;

e, entre outras coisas, as dos ideogramas chineses e os antigos hieróglifos egípcios.

Longe de restringir as possibilidades do teatro e da linguagem, com o pretexto de que não representarei peças escritas, amplio a linguagem de cena e multiplico suas possibilidades.

Agrego à linguagem falada outra linguagem, e tento devolver à linguagem da palavra sua antiga eficácia mágica, seu poder essencial de encantamento, pois suas misteriosas possibilidades foram esquecidas. Quando falo que não representarei peças escritas, quero dizer que não representarei peças baseadas na escritura e na palavra; que nos meus espetáculos haverá uma parte física prevalecente, que não poderá fixar-se nem ser escrita na linguagem habitual das palavras; que da mesma maneira a parte falada e escrita será falada e escrita com um novo sentido.

O teatro, ao contrário do que se pratica aqui — isto é, na Europa, ou melhor, no Ocidente — não se baseará no diálogo, e o diálogo, por pouco que reste dele, não será redigido, fixado a priori, mas nascerá em cena, será criado em cena, na correlação com outra linguagem e com as necessidades das atitudes, signos, movimentos e objetos. Mas tais tentativas produzidas sobre a matéria, e que a Palavra surge como necessidade, como resultado de uma série de compressões, de choques, de embates, atritos cênicos, evoluções de todo gênero (assim o teatro se transformará na autêntica operação viva, manterá essa espécie de pulsação emocional sem a qual a arte é gratuita), todas as pontuações, buscas, pugnas, culminarão numa obra, numa composição *inscrita*, fixa nos mínimos detalhes, anotada com outros meios de notação. A composição, a criação, em vez de se gerar no cérebro do autor, serão geradas na própria natureza, no espaço real, e o resultado definitivo será tão rigoroso e determinado como o de qualquer obra escrita, com o acréscimo de uma grande riqueza objetiva.

P.S. O autor há de descobrir e assumir o que pertence à encenação, tanto como o que pertence ao autor, mas transformando-se por sua vez no diretor, de maneira que cesse a absurda dualidade atual de diretor e autor.

Um autor que não cria diretamente a matéria cênica, que não evolui em cena, orientando-se e imprimindo o vigor da sua orientação no espetáculo, trai na realidade a sua missão. E é lícito que o ator o substitua. Quem perde é o teatro, obrigado a suportar tal usurpação.

O *tempo* teatral, que se ampara na respiração, tanto se precipita, às vezes, em grandes expirações voluntárias, como se contrai e atenua na inspiração prolongada e feminina. O gesto contido provoca a agitação forçosa e múltipla, tal gesto contém em si a magia da sua evocação.

Embora gostemos de opinar sobre a vida dinâmica e animada do teatro, evitamos fixar leis.

O certo é que a respiração humana detém princípios baseados nas inúmeras combinações das tríades cabalísticas. Existem seis tríades principais e inumeráveis combinações ternárias, pois daí surgiu toda a vida.

O teatro é justamente o lugar onde reproduzimos a vontade desta respiração mágica. Se a fixação de um gesto importante exige ao seu redor uma respiração precipitada e múltipla, essa mesma respiração pode romper aos poucos ondas em torno de um gesto fixo. Há princípios abstratos, mas não uma lei concreta e plástica. A única lei é a energia poética que há entre o silêncio amordaçado e a representação precipitada do espasmo, e da linguagem individual *mezzo voce* e a tempestade densa e ampla de um coro que aumenta lentamente de volume.

Mas o importante é criar etapas e perspectivas entre a linguagem e o outro. O segredo do teatro no espaço é a dissonância, a dispersão dos timbres, a descontinuidade dialética da expressão.

Quem tiver ideia do que é esta linguagem, compreender-nos-á. Escrevemos para ele. Noutro ponto expomos esclarecimentos suplementares que completam o Primeiro Manifesto do Teatro da Crueldade.

Tendo dito o essencial no Primeiro Manifesto, o segundo trata de especificar certos pontos. Apresenta uma definição da Crueldade e propõe a descrição do espaço cênico. Já veremos o que conseguimos.

TERCEIRA CARTA

Paris, 9 de novembro de 1932

A J. P.

Caro amigo,

As objeções feitas a mim e a você sobre o Manifesto do Teatro da Crueldade, algumas referem-se a crueldade, e não chegam a explicar como funciona o meu teatro — pelo menos como elemento essencial determinante —, e outras ao teatro tal como eu acho que é.

Em relação à primeira objeção, estão corretas, não sobre a crueldade, nem ao teatro, senão sobre o lugar que a crueldade ocupa em meu teatro. Deveria ter explicitado o uso particular dessa palavra, e acrescentar que não emprego-a no sentido episódico, suplementar, por gosto sádico ou perversão espiritual, por amor aos sentimentos singulares e às atitudes maléficas, ou seja, num sentido completamente circunstancial; não se trata em absoluto de crueldade como vício, da crueldade como o germinar de cobiças perversas que se expressam por meio de gestos sanguinários, como excrescências enfermiças na carne já contaminada; o contrário, pelo sentimento puro e desinteressado, o impulso verdadeiro do espírito baseado nos gestos da própria vida; na ideia de que a vida metafisicamente falando, e na medida em que admite a extensão, a espessura, a densidade e a matéria, permite também, como consequência direta, o mal e tudo o que é inerente ao mal, ao espaço, à extensão e à matéria. Tudo isso culmina na consciência e no tormento. Apesar do rigor cego que implicam tais contingências, a vida não pode deixar de ser exercida, pois não seria vida; mas tal rigor, a vida que segue adiante e se cumpre na tortura e na opressão de tudo, esse sentimento obstinado e puro é precisamente a crueldade. Disse, pois, *crueldade*, como poderia dizer *vida*, ou como se pode dizer *necessidade*, pois quero assinalar sobretudo que para mim o teatro é ato e emancipação perene, que nada há nele de estático, vejo-o como ato genuíno, isto é, vivo, ou seja, mágico.

Busco a técnica e praticamente todos os meios de conduzir o teatro a essa ideia superior, talvez excessiva, e também violenta e viva. Quanto à redação do Manifesto, reconheço que é abrupta e, em grande parte, inadequada.

Proponho princípios rigorosos, súbitos, de aspecto áspero e terrível, e no instante em que se espera a sua justificação passo ao princípio seguinte.

A dialética deste manifesto é frágil. Salto de uma ideia para outra, sem alternância. Nenhuma necessidade interior justifica a disposição adotada.

Sobre a última objeção, pretendo que o diretor, transmudado numa espécie de demiurgo, que possui no fundo do pensamento a ideia de pureza implacável de consumação a qualquer preço, se de fato quer ser diretor, portanto, um homem que conhece a matéria e os objetos, capaz de levar a cabo no domínio físico a busca do movimento intenso, do gesto patético e exato, que no plano psicológico equivale à disciplina moral absoluta e íntegra, e no plano cósmico ao desencadear de certas forças cegas que ativam o que é preciso triturar e queimar.

Eis aqui a conclusão geral:

O teatro já não é uma arte; ou, doutra forma, é uma arte inútil. Conformou-se com a ideia ocidental de arte. Estamos enfastiados de sentimentos decorativos e vãos, de atividades sem objetivo, consagradas apenas ao afável e ao pitoresco; desejamos um teatro que atue ativamente, mas num nível ainda não definido.

Precisamos de ação verdadeira, mas sem consequências práticas. A ação do teatro não se desenvolve no plano social. Muito menos no plano moral e psicológico.

Observa-se então que o problema não é simples. Contudo, por mais caótico, impenetrável e áspero que seja, nosso Manifesto não se furta ao problema; pelo contrário, encara-o de frente, algo que nenhum homem de teatro tem coragem de fazer. Nenhum até agora discutiu o verdadeiro princípio do teatro, que é metafísico; e se há tão poucas peças teatrais legítimas, não é por falta de talento ou autores.

Deixando de lado a questão do talento, há no teatro europeu um erro essencial de princípio; esse erro é a parte de toda ordem de coisas em que a ausência de talento não é um simples acaso, mas consequência.

Se a nossa época se distancia e desinteressa pelo teatro, é porque o teatro deixou de representá-la. Já não espera que o teatro lhe ofereça mitos em que possa apoiar-se.

Porventura, vivemos numa época única na história, em que o mundo, passado pelo crivo, vislumbra como caem antigos valores. A vida calcinada se desfaz nos seus fundamentos; no plano moral ou social se produz um colossal desencadear de apetites, a libertação dos instintos mais baixos, o crepitar de vidas ardentes, prematuramente expostas às chamas.

Nos fatos atuais não interessam os mesmos acontecimentos, senão o estado de ebulição moral em que os espíritos se precipitam, nesta extrema tensão. O estado de caos consciente em que nos afunda incessantemente.

O que perturba o espírito, sem que perca o equilíbrio, é o meio bizarro de traduzir a pulsação inata da vida. Se o teatro se afastou dessa atualidade patética e mítica, não raro o público se afasta de um teatro que ignora a atualidade até este ponto.

Pode-se, pois, advertir o teatro, tal como hoje é praticado, pela sua terrível falta de imaginação. O teatro deve ser semelhante à vida, não à vida individual (esse espetáculo pessoal da vida e que os caracteres triunfam), mas uma espécie de vida liberada, que elimina a individualidade humana e o homem não é mais do que o reflexo. Gerar mitos, tal é o verdadeiro fim do teatro, traduzir a vida no seu aspecto universal, imenso, e extrair dessa vida as imagens em que gostaríamos de voltar a estar.

E alcançar, através disso, uma espécie de semelhança geral, tão poderosa que produza instantaneamente o seu efeito.

Que nos liberte, a nós, num mito e que tenhamos sacrificado nossa pequena individualidade humana, como personagens do passado, com forças redescobertas no passado.

QUARTA CARTA

Paris, 28 de maio de 1933

A J.P.

Caro amigo,

Não disse que queria agir diretamente sobre a nossa época; afirmei que o teatro que desejo criar supõe, se possível, para ser admitido nesta época, outra forma de civilização.

Contudo, mesmo que não represente o seu tempo, o teatro pode impulsionar essa transformação profunda das ideias, dos costumes, das crenças, dos princípios, onde repousa o espírito da época. Em todo caso, isso não me inibe de fazer o que penso fazer, e fazendo com rigor. Farei o que sonhei, ou não farei nada.

No que se refere ao espetáculo, é-me impossível expor elucidações suplementares. Por duas razões.

1. O que quero fazer é mais fácil de fazer do que de dizer.

2. Não penso em correr o risco de que seja plagiado, como já aconteceu várias vezes.

Segundo penso, só tem direito de se chamar autor, ou seja, criador, quem tem sob sua responsabilidade o comando direto da cena. Este é precisamente o ponto vulnerável do teatro, tal como se compreende não só na

França, como na Europa, inclusive em todo o Ocidente. O teatro ocidental reconhece como linguagem, atribui as faculdades e as virtudes da linguagem, permite denominar linguagem (com o gênero de dignidade intelectual atribuída a este termo) só a linguagem articulada, gramaticalmente articulada, ou seja, a linguagem da palavra, a palavra escrita, a palavra que pronunciada ou não, não seria menos vultosa se apenas fosse palavra escrita.

No teatro, tal como o concebemos aqui, o texto é tudo. Entende-se e admite-se definitivamente (e tal incorporou-se aos nossos hábitos, como na nossa mente, e se reconhece como valor espiritual) que a linguagem das palavras é a linguagem primeira. Contudo, de um ponto de vista ocidental é preciso admitir que a palavra se enrijeceu, que os vocábulos, todos os vocábulos, se congelaram e afundaram no seu próprio significado, numa terminologia esquemática e restrita. No teatro, tal como aqui se pratica, a palavra escrita tem tanto valor como a própria palavra falada. Para alguns amantes do teatro isso quer dizer que uma peça lida procura prazeres definidos, tão intensos como a mesma peça representada. Se lhes escapa tudo o que se refere à enunciação particular de uma palavra e a vibração que alcança o espaço; consequentemente tudo quanto pode se somar ao pensamento. A palavra, compreendida desta maneira, possui um valor discursivo e elucidativo. E tais condições, não é exagerado dizer, dada a terminologia inteiramente definida e finita, a palavra só serve para deter o pensamento; cerca-o e o arremata. Não é, em suma, senão a conclusão.

Certamente, não sem razão a poesia abandonou o teatro. Os poetas dramáticos deixaram de produzir há muito tempo, não por acaso. A linguagem da palavra tem suas leis. Durante quatrocentos anos, ou mais, nos acostumamos bastante, em particular na França, a não usar as palavras no teatro senão num sentido específico e definido. A ação gira em torno de temas psicológicos, cujas combinações essenciais estão longe de ser múltiplas. Habituamo-nos a um teatro que requer curiosidade e fundamentalmente de imaginação.

O teatro, como a palavra, exige liberdade.

Esta obstinação de que os personagens falem de sentimentos, paixões, fomes e impulsos de ordem estritamente psicológica, em que uma só palavra supre gestos inumeráveis, é responsável pelo teatro ter perdido sua razão de ser, e ansiamos pelo silêncio para escutar melhor a vida. No diálogo se expressa a psicologia ocidental; a obsessão pela palavra clara que expresse tudo, conduz ao esgotamento das palavras.

O teatro oriental soube preservar certo valor expansivo das palavras, pois na palavra o sentido límpido não é tudo; há também uma música da palavra, que fala diretamente ao inconsciente. E assim é como no teatro oriental não há linguagem falada, senão uma linguagem de gestos, atitudes, signos que, de um ponto de vista do pensamento em ação, tem tanto valor expansivo e revelador como o outro. E assim, no Oriente, esta linguagem de signos se valoriza mais do que a outra, atribuindo-se poderes mágicos imediatos. Deve falar não só ao espírito, aos sentidos, e através dos sentidos, alcançar regiões mais ricas e fecundas da sensibilidade e pleno movimento.

Dessa maneira, se o autor é quem comanda a linguagem das palavras e o diretor é o seu escravo, existe uma simples questão verbal. Há aqui uma confusão de termos, pois para nós, e segundo o sentido que se atribui em geral ao vocábulo *diretor*, e este ser apenas um artesão, um adaptador, um gênero de tradutor eternamente dedicado a transpassar a obra dramática de uma linguagem a outra. Enquanto não se entender que a linguagem da palavra é superior aos outros, e a única que o teatro admite, não haverá mais confusão, e o diretor não se verá obrigado a desaparecer diante do autor.

Regressar-se-á em breve às fontes respiratórias, plásticas, ativas da linguagem, que se relacionem as palavras com os movimentos físicos que as geraram, que o aspecto lógico e discursivo da palavra desapareça ante o aspecto físico e afetivo, ou seja, que as palavras sejam ouvidas como elementos sonoros e não pelo que gramaticalmente querem expressar, que seja percebida como movimentos, e que tais movimentos se assimilem a outros diretos, simples, comuns a todas as circunstâncias da vida — embora os atores de teatro o ignorem —; é aqui que a linguagem da literatura se reconstitui, renasce e, paralelamente, como nas telas de alguns pintores, os próprios objetos falam. A luz, em vez de parecer cenário, terá a qualidade de uma genuína linguagem, e os elementos cênicos, plenos de significação, se organizarão revelando a estrutura. Essa linguagem imediata e física está totalmente à disposição do diretor, que tem aqui a oportunidade de criar uma espécie de autonomia.

De fato, seria singular que no domínio mais próximo da vida do que outro, o senhor desse domínio, ou seja, o diretor, deva ceder o seu lugar ao autor, que por essência trabalha no abstrato, isto é, no papel. Mesmo que a encenação não conte com a linguagem dos gestos, que iguala e supera a das palavras, qualquer encenação muda, com seus movimentos, personagens múltiplos, as luzes, o cenário, e poderia rivalizar com pinturas como *As Filhas de Lot*, de Lucas de Leiden, como o *Sabá das Bruxas* de Goya; certas *Ressurreições e Transfigurações* de El Greco; como a *Tentação de Santo Antonio* de Hieronymus Bosch, ou a inquietante e misteriosa *Dulle Griet -A* mulher louca- , de Bruegel, o Velho, onde uma luz torrencial e vermelha, localizada em certos pontos da tela, parece explodir em todas as partes, e pode paralisar o espectador a um metro da tela por meio de não sei qual procedimento técnico. Aqui o teatro brilha em todas as direções. O turbilhão da vida, contido por certa luz branca, corre subitamente por canais anônimos. Um ruído lívido e áspero se ergue desse bacanal de larvas, de uma cor que sequer as contusões da pele humana podem reproduzir. A vida verdadeira é mutável e branca; a vida oculta é lívida e fixa, com todas as possíveis atitudes da imobilidade infinita. É um teatro mudo, mas que fala mais do que se lhe fora oferecida uma linguagem para se expressar. Tais pinturas têm duplo sentido, e para além das qualidades puramente pictóricas, transportam um ensinamento e revelam aspectos misteriosos ou terríveis da natureza e do espirito.

Felizmente, para a encenação é muito mais do que isso. Além de ordenar a representação com palpáveis meios materiais, a encenação pura contém gestos, atitudes móveis e o uso concreto da música, tudo o que engloba a palavra, dispondo da palavra. Repetições rítmicas de sílabas e modulações peculiares da voz, envolvendo o sentido preciso das palavras, precipitam maior número de imagens no cérebro, produzindo um estado aproximadamente alucinatório, e determinando à sensibilidade e ao espírito uma espécie de alteração orgânica que favorece para remover da poesia escrita a graça que comumente a caracteriza. Em torno dessa graça se concentra todo o problema do teatro.

O teatro da crueldade

Segundo Manifesto

Percebendo ou não, consciente ou inconscientemente, o que o público busca fundamentalmente no amor, no crime, nas drogas, na insurreição, na guerra, é o estado poético, um estado transcendente de vida.

O Teatro da Crueldade foi criado para devolver ao teatro a concepção da vida apaixonada e convulsiva; no sentido de rigor violento, de extrema condensação dos elementos cênicos, há que se entender a crueldade deste teatro.

Tal crueldade que será sanguinária o quanto convir, mas não sistematicamente, se confunde com uma espécie de severa pureza moral que não teme pagar à vida o preço que ela exige.

1. O ponto de vista do conteúdo, ou sobre os assuntos e temas tratados:

O Teatro da Crueldade escolherá assuntos e temas que correspondam à agitação e à inquietação características da nossa época.

Não se quer deixar ao cinema a tarefa de produzir os mitos do homem e da vida moderna. Mas fará isso da sua maneira, ou seja, opondo-se à tendência econômica, utilitária e técnica do mundo, há que inserir outra vez na moda as grandes preocupações e paixões essenciais que o teatro moderno recobriu com o verniz do homem fingidamente civilizado.

Tais temas serão cósmicos, universais, e interpretados de acordo com os textos mais antigos, das remotas cosmogonias mexicana, hindu, judaica, iraniana, etc.

Renunciando ao homem psicológico, ao caráter e aos sentimentos cristalinos, o Teatro da Crueldade conduzirá ao homem total e não ao homem social submetido a leis e desfigurado por preceitos e religiões.

Há que incluir não só o anverso, mas também o reverso do espírito; a realidade da imaginação e dos sonhos aparecerá igualmente com a vida.

Além disso, as grandes transformações sociais, os conflitos entre os povos e raças, as forças naturais, a intervenção do acaso, o magnetismo da fatalidade, hão de se manifestar indiretamente na agitação e nos gestos de personagens da proporção de deuses, de heróis ou monstros, e dimensões míticas; ou diretamente como manifestações materiais adquiridas por meios científicos novos.

Tais deuses e heróis, monstros, essas forças naturais e cósmicas serão interpretados segundo imagens dos textos sagrados mais antigos, e antigas cosmogonias.

Ademais, essa necessidade que o teatro tem de fortalecer-se nas fontes de uma poesia eternamente apaixonada e acessível a setores mais afastados e imprevidentes do público, a poesia alcançada pelo regresso aos velhos Mitos primitivos, exigir-se-á da encenação, não do texto, o cuidado de materializar, sobretudo de *atualizar* antigos conflitos; ou seja, que tais temas serão levados diretamente ao teatro materializados em movimentos, expressões e gestos antes de serem transladados às palavras.

Dessa maneira, renunciaremos à superstição teatral do texto e à ditadura do escritor.

Recobraremos o antigo espetáculo popular sentido e experimentado diretamente pelo espírito, sem as deformidades da linguagem e os obstáculos da palavra e dos vocábulos.

Tentaremos fundar o teatro perante todo espetáculo, no qual introduziremos uma noção nova de espaço utilizando todos os planos possíveis e os graus de perspectiva em profundidade e altura, e com isso acrescentaremos uma ideia particular de tempo à ideia de movimento.

No tempo determinado, o maior número possível de movimentos será acrescentado a maior quantidade possível de imagens físicas e significados ligados a tais movimentos.

As imagens e os movimentos empregados não estarão presentes apenas para o prazer exterior dos olhos e do ódio, senão para o mais secreto proveito do espírito.

Assim, o espaço teatral será usado não só em suas dimensões e volume, senão, cabe dizê-lo, *nos seus subterrâneos.*

A sobreposição de imagens e movimentos conduzirá, através das colisões de objetos, silêncios, gritos e ritmos, à criação de uma genuína linguagem física baseada em signos e não em palavras.

Entender-se-á que nesta quantidade de movimentos e imagens ordenadas num tempo específico incluiremos o silêncio e o ritmo, assim como certa vibração e frêmito físico, compostos por objetos e gestos reais, realmente utilizados. Dir-se-á que o espírito dos mais antigos hieróglifos regerá a criação dessa linguagem teatral pura.

Todo público popular gosta de expressões diretas e imagens; haverá linguagem falada, expressões verbais explícitas em todas as partes nitidamente elucidadas da ação, nas partes em que a vida descansa e a consciência intervém.

Porém, em conjunto com o sentido lógico, dar-se-á às palavras o seu sentido verdadeiramente mágico, de encantamento; as palavras terão forma, serão emanações sensíveis e não só significado.

Estes adventos excitantes de monstros, os excessos de heróis e deuses, as revelações plásticas de forças, as intervenções explosivas de uma poesia e do humor que desorganizam e pulverizam aparências, segundo o princípio anárquico, analógico de toda verdadeira poesia, exercerão apenas a magia certa na atmosfera de sugestão hipnótica onde a mente é afetada pela pressão direta sobre os sentidos.

Tal como no teatro digestivo de hoje os nervos, ou seja, certa sensibilidade fisiológica, são deliberadamente deixados de lado, entregues à anarquia espiritual do espectador, o Teatro da Crueldade tenta recuperar todos os antigos meios mágicos testados para se atingir a sensibilidade.

Tais meios, que consistem nas intensidades de cores, de luzes ou sons, que usam a vibração, a trepidação, a repetição, seja de um ritmo musical ou uma frase falada, tons especiais ou a dispersão geral da luz, só podem obter todo efeito por intermédio do uso de *dissonâncias*.

Em vez de circunscrever essas dissonâncias ao domínio de um só sentido, faremos que saltem de um sentido a outro, de uma palavra para a luz, de um gesto trêmulo a uma tonalidade plana e sonora, etc.

O espetáculo composto dessa maneira, construído com tais características, prolongar-se-á, por supressão da cena, à sala inteira do teatro, escalará as muralhas através de passarelas leves, envolverá previamente o espectador, o deixará imerso num constante banho de luz, de imagens, movimentos e ruídos. O cenário será feito pelos próprios personagens, que terão o perfil de bonecos gigantes, e panoramas de luz dinâmica que incidirá sobre os objetos e máscaras em contínuo deslocamento.

Assim como não haverá lugar desocupado no espaço, tampouco haverá trégua nem vazio na mente ou na sensibilidade do espectador. Melhor dizendo, entre a vida e o teatro não haverá uma divisão explícita, nem solução de continuidade. Quem viu a rodagem de uma cena de filme, entenderá com exatidão o que estamos falando.

Pretendemos lograr, num espetáculo teatral com meios materiais similares — as luzes e recursos de todo gênero —, comumente desperdiçados por certas companhias, de uma forma que tudo o que houver de ativo e mágico em aparatos semelhantes se perde para sempre.

*

* *

O primeiro espetáculo do Teatro da Crueldade se intitulará

A Conquista do México

Encenará fatos, não homens. Chegará a hora dos homens, com suas psicologias e paixões, será como a emanação de certas forças, ver-se-ão à luz dos acontecimentos e da fatalidade histórica.

Tal assunto foi escolhido:

1. O motivo da sua atualidade é por que permite aludir de várias formas os problemas que interessam de maneira vital à Europa e o mundo.

Do ponto de vista histórico, *A Conquista do México* discute o problema da colonização. Revive de maneira brutal, implacável, sangrenta, a arrogância sempre ativa da Europa. Permite arrasar a ideia que a Europa tem da sua superioridade. Opõe ao cristianismo religiões muito mais antigas. Corrige as concepções insidiosas do Ocidente sobre paganismo e certas religiões naturais, ressalta patética e ardentemente, o esplendor e a poesia sempre atuais das antigas fontes metafísicas onde essas religiões beberam.

2. Ao se discutir o problema terrivelmente atual da colonização e o pretenso direito de um continente avassalar outro, questiona-se a superioridade real de certas raças sobre as outras, revela-se a filiação interna que liga o gênio de uma raça a formas precisas de civilização. Contrapõe a anarquia déspota dos colonizadores à profunda harmonia moral dos futuros colonizados.

Em contraste com a desordem da monarquia europeia da época, baseada nos princípios materiais mais injustos e aviltantes, esclarece a hierarquia orgânica da monarquia asteca, estabelecida sobre indiscutíveis princípios espirituais.

Da perspectiva social mostra a paz de uma sociedade que sabia como alimentar todos os seus membros, e onde a Revolução se cumprira desde o início. Esse embate da desordem moral e a anarquia católica com a ordem pagã, provoca inauditas conflagrações de forças e imagens, matizadas em vários pontos por diálogos brutais. E isso através de lutas entre homens que carregam consigo, como estigmas, ideias opostas. Já foi bastante sublinhado o fundo moral e o interesse atual desse espetáculo, insistiremos no valor espetacular dos conflitos que se pretende colocar em cena.

Antes de tudo, as lutas interiores de Montezuma, o rei torturado, as causas que a história não foi capaz de esclarecer.

Expor-se-á de maneira pictórica, objetiva, as lutas e a discussão simbólica com os mitos visuais da astrologia.

Enfim, além de Montezuma, a multidão, os distintos estratos sociais, a rebelião do povo contra o destino, representado por Montezuma, o clamor dos incrédulos, as argúcias dos filósofos e dos sacerdotes, as lamentações dos poetas, a traição dos comerciantes e da classe média, a duplicidade e a fragilidade sexual das mulheres.

No espírito das multidões, o alento dos acontecimentos se desloca em ondas materiais sobre o espetáculo, fixando aqui e ali certas linhas de força, e sobre tais ondas a consciência se reduz, rebelde ou desesperada por alguns indivíduos e sobrenadará numa casca de noz.

Teatralmente, o problema será determinar e harmonizar tais linhas de força, concentrando-as para extrair delas melodias sugestivas.

Tais imagens, movimentos, danças, ritos, músicas, melodias truncadas, deslocamentos de diálogo, serão cuidadosamente anotados e descritos por palavras, enquanto for possível, e principalmente para as partes não dialogadas do espetáculo, de acordo com o princípio de registrar em cifras, como uma partitura musical, o que não pode descrever-se com palavras.

O atletismo afetivo

Admite-se no ator um gênero de musculatura afetiva que corresponde às localizações físicas dos sentimentos.

O ator é como o atleta físico, mas com uma diferença formidável, seu organismo afetivo é análogo, paralelo ao organismo do atleta, sua dupla verdade, mesmo que não atue no mesmo plano.

O ator é um atleta do coração.

A divisão da pessoa total em três mundos vale para ele; só a ele lhe pertence a esfera afetiva.

Pertence-lhe organicamente.

Os movimentos musculares do esforço físico são como a efígie de outro esforço, o seu duplo, e que nos movimentos da ação dramática se situam nos mesmos pontos.

O espaço em que se apoia o atleta para correr é o mesmo em que se apoia o ator para emitir uma imprecação espasmódica; mas cujo curso se volta para o interior.

Todos os recursos da luta, o boxe, a corrida de cem metros, o salto em altura, encontram suas bases organicamente análogas no movimento das paixões, apresentam os mesmos pontos físicos de sustentação.

É preciso ressalvar que aqui o movimento é inverso; na respiração, por exemplo, o corpo do ator se apoia na respiração, enquanto que o lutador, no atleta físico, a respiração se apoia no corpo.

Esta questão de respiração na verdade é primordial; está em relação inversa com a importância da expressão exterior.

Quanto mais sóbria e restrita é a expressão, mais funda e pesada é a respiração, mais substancial e plena de ressonâncias.

Na expressão arrebatada, ampla e exterior, corresponde a uma respiração em ondas breves e baixas.

É indiscutível que todo sentimento, o movimento do espírito, todo salto de emoção humana tenham a própria respiração.

Contudo, os tempos da respiração possuem o nome consentâneo com a Cabala; esses tempos formam o coração humano, e o seu sexo constitui os movimentos das paixões.

O ator é um simples empirista, um curandeiro norteado pelo instinto indigente e vago.

Deve-se concluir com essa espécie ousada de ignorância em que se move todo o teatro contemporâneo, como entre a névoa, sempre a claudicar. O bom ator encontra instintivamente como captar e transmitir certos poderes; mas surpreender-se-ia muito se lhe revelasse que tais poderes que se movem materialmente pelos órgãos e *nos órgãos* existem realmente, pois nunca se lhe ocorreu que na verdade existiriam.

Para utilizar suas emoções como lutador, emprega sua musculatura, o ator há de ver o homem como Duplo, como o Ka dos embalsamadores egípcios, como o espectro perene que irradia poderes afetivos.

Espectro plástico e jamais concluído, cujas formas o ator verdadeiro imita, e ao qual este impõe as formas e a imagem da sua própria sensibilidade.

Sobre o duplo influi o teatro, essa efígie espectral engendra o teatro; como todos os espectros, esse duplo detém uma grande memória. A do coração é duradoura e, certamente, o ator pensa com ele, aqui predomina o coração.

Dir-se-á que no teatro, mais do que noutra parte, o ator cobrará a consciência do mundo afetivo, mas atribuindo-lhe virtudes que não são as de uma imagem, e têm o sentido material.

Que tal hipótese seja ou não exata, interessa sobretudo que seja verificável.

A alma pode reduzir-se fisiologicamente a uma porção de vibrações.

É possível vislumbrar esse espectro da alma como que impregnado por seus próprios gritos — que corresponderia aos mantras hindus —, essas consonâncias, os acentos enigmáticos e que as penumbras materiais da alma, cercadas em suas alcovas, revelam seus segredos à luz do dia.

A crença na materialidade fluida da alma é indispensável ao ofício de ator. Saber que a paixão é material, está sujeita às flutuações plásticas da matéria, outorga um império sobre as paixões que amplia nossa soberania.

Alcançar as paixões através de suas próprias forças, em vez de considerá-las abstrações puras, isso confere ao ator a mestria do genuíno curandeiro.

Saber que a alma detém uma expressão corporal, admite ao ator atingir o sentido contrário; e redescobrir o seu ser por meio de analogias matemáticas.

Compreender o segredo do *tempo* das paixões — essa espécie de *tempo* musical que regula o compasso harmônico — é um aspecto do teatro que nosso teatro psicológico moderno esqueceu há muito tempo.

Tal *tempo* pode ser redescoberto pela analogia, encontra-se nas seis maneiras de dividir e manter a respiração, como se esta fosse um elemento precioso.

Toda respiração apresenta três tempos, assim como há três princípios na origem de toda criação, e que encontram na respiração figura correspondente.

A Cabala divide a respiração humana em seis arcanos centrais; o primeiro é chamado o grande arcano, o da criação.

ANDRÓGINO	MACHO	FÊMEA
EQUILIBRADO	EXPANSIVO	ATRATIVO
NEUTRO	POSITIVO	NEGATIVO

Tive a ideia de empregar este conhecimento das diferentes formas de respiração, não só no trabalho do ator, mas também na preparação do ofício de ator. Se o conhecimento das respirações aclara a cor da alma, com toda certeza pode estimular a alma, favorecer a sua expansão.

Sem dúvida que, como a respiração acompanha o esforço, a produção mecânica da respiração engendrará no organismo que trabalha a qualidade correspondente do esforço.

O esforço terá a cor e o ritmo da respiração artificialmente produzida.

O esforço segue por predisposição a respiração, segundo a qualidade do esforço futuro, uma emissão preparatória de alento oferecerá ao esforço a facilidade e a espontaneidade. Insisto na palavra espontaneidade, pois o alento revigora a vida, faz com que arda na sua própria substância.

O que a respiração voluntária provoca é a reaparição espontânea da vida. Como a voz em corredores infinitos, e nas suas margens guerreiros dormem. O sino matinal ou a trombeta da guerra lança-os às filas de combate.

A criança ao gritar subitamente "é o lobo!", eles despertam, e acordam no meio da noite. Alarme falso, os soldados pensam em voltar a dormir. Mas não podem, enfrentam outros grupos hostis, caíram num verdadeiro vespeiro. A criança gritou no sonho. O seu inconsciente mais sensível e fluido tropeça na corda inimiga. Assim, por meios ocultos, a pressão surgida do teatro cai sobre a realidade ainda mais temível, e que a vida jamais suspeitara. O ator lavra a sua personalidade com o agudo fio da respiração.

O alento que nutre a vida permite remontar gradualmente suas etapas. Através da respiração o ator pode alcançar o sentimento que não conhece; combina ajuizadamente os seus efeitos, não se confundirá de sexo. O alento é macho ou fêmea e menos frequentemente andrógino. Às vezes, é preciso descrever raros estados que não se desenvolveram.

A respiração acompanha o sentimento e é possível penetrar no sentimento através da respiração, se souber discriminar qual convém ao sentimento.

Já dissemos que há seis combinações principais de respiração:

NEUTRA	MASCULINA	FEMENINA
NEUTRA	FEMENINA	MASCULINA
MASCULINA	NEUTRA	FEMENINA
FEMENINA	NEUTRA	MASCULINA
MASCULINA	FEMENINA	NEUTRA
FEMENINA	MASCULINA	NEUTRA

E o sétimo estado além da respiração; pela porta da Guna superior o estado de Sativa une o manifesto ao não-manifesto.

Se alguém pretender que o ator não é essencialmente metafísico, não é preciso preocupar-se com o sétimo estado, responderemos que segundo a nossa opinião, e mesmo que o teatro seja o símbolo perfeito e completo da manifestação universal, o ator carrega em si o princípio do sétimo estado, esse caminho de sangue pelo qual penetra nos outros, toda vez que os seus órgãos potencialmente despertam do sono.

Na maioria das vezes o instinto compensa a ausência de ideia que não pode se definir; não é preciso cair de tão alto para emergir entre as paixões medíocres que colmatam o teatro contemporâneo. Além do mais, o sistema de respirações não foi criado para produzir paixões medíocres. Exercícios repetidos de respiração, intensamente praticados, não nos preparam para a declaração de amor adúltero.

A emissão do alento repetida sete ou doze vezes, nos prepara para os gestos sutis, para desesperadas reivindicações da alma.

Quando situamos essa respiração, superamos os estados de contração e liberação combinados. Servimo-nos do nosso corpo como uma peneira por onde passam a vontade e o relaxamento da vontade.

O tempo do pensamento voluntário projeta o tempo macho, seguido sem transição muito aparente pelo tempo feminino prolongado. O tempo do pensamento involuntário, inclusive do não-pensamento, se expressa com o fatigado alento feminino que nos chega como mofo de porão, a umidade de bosque, e, em simultâneo, no tempo prolongado emitimos a exalação pesada; os músculos de todo o corpo, que vibram, não pararam de agir.

O importante é ter consciência da localização do pensamento afetivo. Um meio de reconhecimento é o esforço; nos pontos em que se apoia o esforço físico, apoia-se também a emanação do pensamento afetivo. Tais pontos são trampolim para a emanação do sentimento.

Há que assinalar que tudo o que é feminino, abandono, angústia, chamado, invocação, tudo o que tende ao gesto de súplica, apoia-se nos pontos em que se situa o esforço, como o mergulhador que vasculha o fundo do mar e volta à superfície; existe algo como um jato de vazio no lugar onde havia tensão.

Neste caso, o masculino regressa como sombra fantasmática no lugar do feminino, enquanto que quando o estado afetivo é masculino, o corpo interior é uma espécie de geometria ao inverso, a imagem do estado ao revés.

Ter consciência da obsessão física, dos músculos estremecidos pela afetividade equivale, como jogo de respirações, a desacorrentar a afetividade e toda a sua potência, conceder-lhe a amplitude surda, mas profunda, e a violência inusual.

Acontece que qualquer ator, pelo menos dotado, pode acrescentar, através deste conhecimento físico, a densidade interior e o volume do seu sentimento, essa toada de possessão orgânica segue a expressão plena.

Vale a pena conhecer alguns destes pontos de localização.

O homem que levanta pesos, ergue-os com a costa, apoia a força multiplicada pelos braços e o fustigar da costa; é curioso comprovar que, ao contrário, todo sentimento feminino — soluço, desolação, respiração espasmódica, estado de transe — é na altura dos rins que ocorre o vazio, lugar exato onde a acupuntura chinesa alivia a congestão dos rins. A medicina chinesa só atua com o vazio e o cheio; o côncavo e o convexo; com tensão e relaxamento. Yin e yang. Masculino e feminino.

Outro ponto irradiador, o ponto da cólera, do ataque, da mordacidade, o centro do plexo solar. Aí a cabeça se apoia para lançar moralmente seu veneno.

O ponto do heroísmo e do sublime é também o da culpa. Ali onde nos ferimos no peito. O lugar onde a cólera arde.

Aonde a cólera avança, a culpa retrocede; tal é o segredo do vazio e do cheio.

A cólera aguda, que se dilacera a si mesma, se inicia com o neutro quebradiço e se localiza o plexo através do feminino vazio e célere; logo, bloqueada pelas omoplatas, volta como um bumerangue emitindo o chiado masculino, que se consome sem avançar. Para perder a agressividade, conserva a correlação da respiração masculina, expira de maneira enérgica.

Só queria dar alguns exemplos dos princípios fecundos que se referem a este texto técnico. Se tiver tempo suficiente, outros exemplos completarão a anatomia do sistema. Existem 380 pontos na acupuntura chinesa, com 73 principais utilizados na terapêutica comum. Não há na nossa afetividade humana tantos pontos de expressão.

Há menos pontos de apoio que possam ser úteis ao atletismo da alma.

O segredo é exacerbar os pontos como se os músculos estivessem a se descompor.

O resto se faz com gritos.

* *

Para forjar outra vez a cadeia, a cadeia do ritmo em que o espectador procura no espetáculo a sua própria realidade, é preciso deixar que este espectador se identifique com o espetáculo, e cada respiração e cada tempo.

Não basta que esse espectador fique preso à magia do espetáculo; não o prenderá se não soubermos como prendê-lo. Não mais magias casuais, não mais a poesia que não encontra apoio na ciência.

No teatro, de agora em diante, há que identificar poesia e ciência.

Toda emoção apresenta bases orgânicas. Cultivando a emoção no corpo, o autor recarrega a densidade voltaica.

Conhecer de antemão os pontos do corpo que são necessários tocar é lançar o espectador no transe mágico. Esta indescritível classe de ciência que a poesia se desacostumou no teatro.

Conhecer os locais do corpo é, pois, forjar outra vez a cadeia mágica.

E com o hieróglifo da respiração posso recuperar a ideia de teatro sagrado.

N.B. Ninguém sabe gritar na Europa, inclusive os atores em transe. Como não fazem outra coisa senão falar, esqueceram que contam com o corpo no teatro, esqueceram também de usar a garganta. Reduzida de modo anormal, a garganta não é mais um órgão, mas uma monstruosa abstração falante; os atores franceses não sabem fazer outra coisa senão falar.

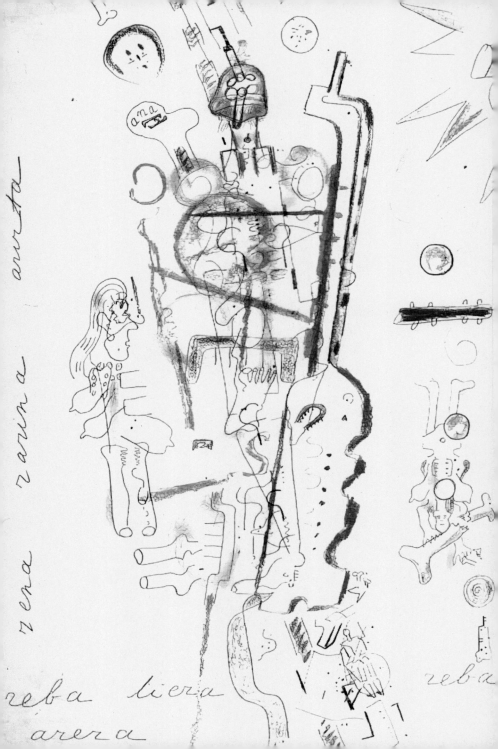

Duas notas

1. Os Irmãos Marx

O primeiro filme dos irmãos Marx que assistimos aqui foi, *Animal Crackers* (*Os galhofeiros*). Pareceu-me, e todo mundo considerou-o assim, algo extraordinário, a libertação pela tela de uma magia peculiar, que as relações habituais entre palavra e imagem não revelam habitualmente, e se há um estado característico, o grau poético definido do espírito que pode ser designado de surrealismo, *Animal Crackers* (*Os galhofeiros*) participa plenamente disso.

É difícil explicar em que consiste esta espécie de magia. Em todo caso, algo não particularmente cinematográfico, mas tampouco pertence ao teatro. Talvez alguns poemas surrealistas concretizados, se houver algum, poderiam servir como termo de comparação. A qualidade poética de um filme como *Animal Crackers* (*Os galhofeiros*) corresponderia à definição de humor, se esta palavra não tivesse perdido há muito tempo o seu sentido essencial de libertação, de aniquilação de toda realidade no espírito.

Para compreender a originalidade vigorosa, absoluta, definitiva, total (não exagero, trato apenas de definir, tanto pior se o entusiasmo me conduz) de um filme como *Animal Crackers* (*Os galhofeiros*) e por instantes (pelo menos na parte final), como *Monkeys Business* (*Os quatro batutas*), haveria que acrescentar ao humor a noção de algo inquietante e trágico, a fatalidade (nem triste nem alegre, mas de difícil formulação) que se evadisse por trás de si como uma enfermidade atroz num perfil de beleza incondicional.

Encontramos outra vez em *Monkeys Business* (*Os quatro batutas*) os irmãos Marx, cada um com seu estilo característico, despreocupados e dispostos a afrontar as situações; enquanto em *Animal Crackers* (*Os galhofeiros*) os personagens perdem desde o início o seu aspecto particular, aqui vemos nas três quartas partes do filme as cabriolas de *clowns* que se divertem a fazer arlequinadas, algumas muito bem feitas. Só no final as coisas se complicam, e os objetos, animais, sons, o senhor e seus criados, o anfitrião e seus convivas, tudo se exaspera, enlouquece e revolta, perante os comentários, por sua vez extasiados e lúcidos, um dos irmãos, inspirado pelo espírito que conseguiu desenredar, e do qual parece ser o comentarista perplexo e efêmero. Por sua vez, não há nada tão alucinante e terrível como esta espécie de caça ao homem, como a batalha de rivais, a perseguição nas trevas de um estábulo, numa granja repleta de teias de aranha, enquanto homens, mulheres e animais rompem as filas e se encontram no meio de um monte de objetos heterogêneos que funcionam conforme o seu movimento ou ruído.

Quando, em *Animal Crackers* (*Os galhofeiros*), uma mulher cai de pernas para o ar num divã, mostrando tudo o que queríamos ver; quando um homem se lança, num salão, sobre uma mulher, dança um pouco e em seguida dá-lhe umas palmadas no compasso da música, tais fatos são um exercício de liberdade intelectual, em que o inconsciente de cada um dos personagens, constrangido pelas convenções e os usos, se vinga e nos vinga em simultâneo. Contudo, quando em *Monkeys Business* um homem perseguido dá de cara com uma bela mulher e dança com ela, *poeticamente*, numa espécie de procura do encanto e da graça das atitudes, aqui a reivindicação espiritual é dupla, mostra o que há de poético e porventura de revolucionário nas chalaças dos irmãos Marx.

A música com que baila o casal do homem perseguido, e a formosa mulher, é uma música nostálgica e evasiva, uma *música de libertação*, que indica o aspecto perigoso de todas as graças humorísticas, e revela que o exercício do espírito poético tende sempre a uma espécie de anarquia efervescente, a desintegração essencial do real pela poesia.

Se os norte-americanos, a cujo espírito tais filmes pertencem, só queiram vê-los humoristicamente, em matéria de humor ocupam as margens facilmente cômicas dos significados da palavra, tanto pior para eles, pois isso não nos impedirá de considerar como um hino à anarquia e à revolta total no final de *Monkeys Business* (*Os quatro batutas*), um final que coloca o mugido de um bezerro no mesmo nível intelectual e lhe atribui a mesma qualidade de dor que o grito de uma mulher aterrorizada, tal final onde nas trevas de um celeiro imundo dois criados raptores acariciam as costas nuas da filha do senhor, e tratam de igual para igual o patrão desamparado, tudo entre a ebriedade, também intelectual, das piruetas dos irmãos Marx. O triunfo é aqui um gênero de exaltação visual e sonora que todos os fatos alcançam nas trevas, na intensidade da sua vibração, na inquietude poderosa que o efeito total projeta no espírito.

2. Sobre uma mãe[4]
A ação dramática de Jean-Louis Barrault

Há no espetáculo de Jean-Louis Barrault uma espécie de extraordinário cavalo-centauro, nossa emoção ante isso foi enorme, como se com a entrada do cavalo-centauro Jean-Louis Barrault nos devolvesse a magia.

Trata-se de um espetáculo mágico, como os encantamentos dos feiticeiros negros, que estalando a língua trazem a chuva ao campo, ou quando, diante do enfermo esgotado, o feiticeiro produz com seu alento um mal-estar e expulsa a doença com esse alento.

---

[4] Mímica de Jean-Louis Barrault estreada em 1934, e baseada no romance de William Faulkner, *Enquanto agonizo*.

Da mesma maneira, no espetáculo de Jean-Louis Barrault, no instante da morte da mãe, um coro de gritos adquire vida.

Não sei se este espetáculo é uma obra de arte. Em todo caso, é um acontecimento. Quando uma atmosfera é transformada, de maneira que um público hostil se encontra logo fundido nas trevas e invencivelmente desarmado, há que saudar tal acontecimento.

Este espetáculo tem uma força secreta que arrebata o público, como um grande amor conquista a alma madura para a rebelião.

Um jovem e grande amor, o vigor jovem, a efervescência espontânea e viva, fluem através destes movimentos disciplinados, desses gestos estilizados e matemáticos como o gorjeio dos pássaros entre as colunatas das árvores num bosque magicamente arrumado.

Aqui, nesta atmosfera sagrada, Jean improvisa os movimentos de um cavalo selvagem, e o espectador subitamente se assombra ao vê-lo transformado em cavalo.

O seu espetáculo exibe a expressão irresistível do gesto; apresenta vitoriosamente a importância do gesto e do movimento no espaço. Devolve à perspectiva teatral a notoriedade que não deveria ter perdido. Enfim, faz da cena um lugar patético e vivo.

Este espetáculo se organizou em relação à cena e *sobre* a cena, e só pode existir em cena. Não há um ponto da perspectiva cênica que não adquira um sentido comovedor.

Há nesta gesticulação animada, no desdobramento descontínuo de figuras, uma espécie de chamado direto e físico; algo convincente como o bálsamo, e que a memória nunca esquecerá.

Não olvidará a morte da mãe, nem os gritos que ecoam no espaço e no tempo, a travessia épica do rio, a ascensão do fogo nas gargantas dos homens, que corresponde, no plano gestual, a ascensão de outro fogo, e sobretudo esse homem-cavalo que corre pela obra, como se o espírito da fábula vivesse novamente entre nós.

Até agora só o teatro balinês parecia ter mantido resquícios desse espírito perdido.

O que importa que Jean-Louis tenha ressuscitado o espírito religioso com meios descritivos e profanos, se tudo o que é autêntico é sagrado; se esses gestos são tão formosos que granjeiam um significado simbólico?

É óbvio que existem símbolos neste espetáculo. E se for possível criticar os gestos, é por criarem a ilusão de símbolos, enquanto que na verdade definem a realidade. Dessa maneira, a ação, por violenta e ativa que seja, não se prolonga para além dela mesma.

Não se prolonga porque é só descritiva, relata fatos exteriores onde as almas não se imiscuem; porque não toca no aspecto vivo dos pensamentos nem nas almas, e isso, não o problema de saber se é ou não teatral, é o que importa em qualquer crítica que possa ser feita.

Maneja os meios do teatro — pois o teatro, que inaugura um campo físico, exige que este campo seja ocupado, que o espaço seja preenchido com gestos, que viva magicamente em si mesmo, que se desprenda dele numa revoada de sons, e se descubram nas novas relações entre o som e o sentido, o gesto e a voz —, e dir-se-á que isto que Jean-Louis fez é teatro.

Por outro lado, este espetáculo é o berço do teatro, quer dizer, o drama profundo, o mistério mais profundo que as almas, o conflito que dilacera almas, onde o gesto não é mais do que uma via. Ali onde o homem é apenas um ponto e as vidas bebem em sua fonte. Mas quem bebeu na fonte da vida?

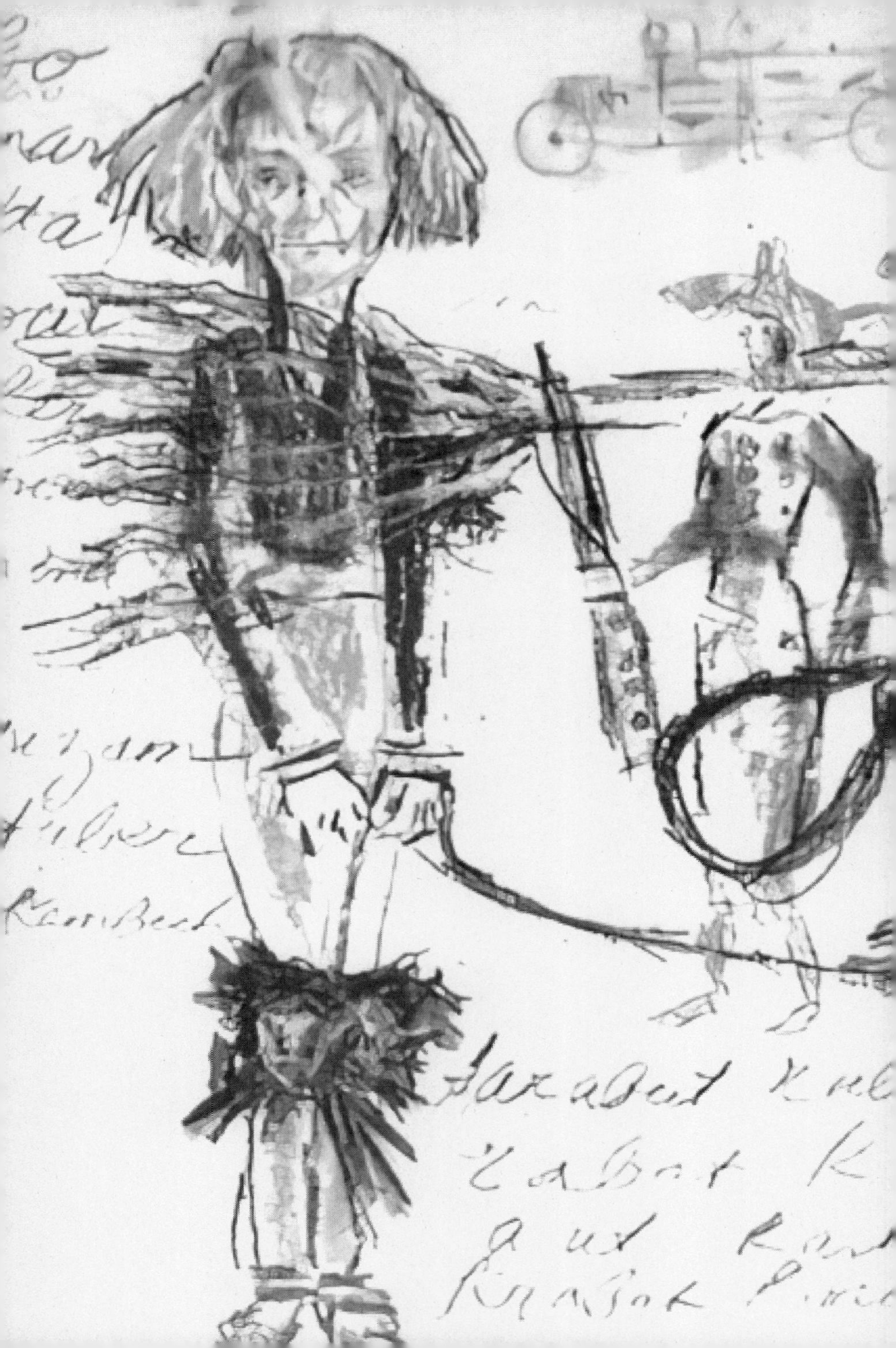

O teatro de Séraphin

Para Jean Paulhan
Há bastantes pormenores.
Esclarecer seria estragar a poesia das coisas.

NEUTRO
FEMININO
MASCULINO

Gostaria de sentir o feminino terrível. O grito da revolta arrasada, a angústia munida para a guerra e a reivindicação.

É tal o lamento do abismo que se desvenda, a terra em chagas clama, mas vozes se erguem, abissais tal como o abismo e são a cratera abismal que berra.

Neutro. Feminino. Masculino.

Primeiro, o ventre. É através do ventre que o silêncio principia, à direita, à esquerda, no ponto do estrangulamento hernial, onde os cirurgiões operam.

O Masculino, para expulsar o grito à força, se apoiaria primeiro no ponto dos estrangulamentos, conduziria a erupção dos pulmões na respiração e da respiração aos pulmões.

Infelizmente, ocorre o inverso e a guerra que pretendo pelejar parte da guerra que atiçam contra mim.

E no meu *Neutro* existe o massacre! Deve compreender que há a imagem conflagrada do massacre que nutre minha guerra. Minha guerra se alimenta de guerra, e escarra a própria guerra.

Neutro. Feminino. Masculino. Vive neste neutro o recolhimento, o desejo perscrutando a guerra, pressionará a guerra para sair, com o vigor do abalo.

O Neutro, às vezes, é irreal. É o Neutro do repouso, de luz, de espaço.

Entre duas respirações, o vazio se *agiganta*, se expande como o espaço.

Aqui está o vazio asfixiado. O vazio pressionado de uma garganta, e que a violência da agonia bloqueou a respiração.

É no ventre que a respiração baixa e gera o vazio de onde regressa para lançá-lo ao alto dos pulmões.

Isso quer dizer que para gritar não é necessário força, preciso só da debilidade, e o impulso virá daí, viverá para recarregar a debilidade com todo o ímpeto da reivindicação.

Entretanto, eis o segredo, *tal como no teatro*, a força não partirá. O masculino ativo será calcado. Há de manter a vontade vigorosa da respiração. Preservará todo o corpo e no exterior haverá o quadro da *extinção* da força, que os sentidos hão de acreditar que assistem.

Do vazio de meu ventre atingi o vazio que ameaça o alto dos pulmões.

Sem recurso de sequência sensível, a respiração desaba sobre os rins, primeiro à esquerda, é o grito feminino, depois à direita, no ponto onde a acupuntura chinesa crava a fadiga nervosa, quando aponta o funcionamento maligno do baço, das vísceras, quando ela revela a intoxicação.

Agora tenho condições de inflar os pulmões num fragor de catarata, a irrupção aniquilaria meus pulmões se o grito que desejei lançar não fosse sonho.

Massagear os dois pontos do vazio no ventre, a partir daí massagear, sem passar pelos pulmões, dois pontos *acima dos rins*, geraram em mim a imagem desse grito armado em guerra, esse assombroso grito subterrâneo.

Preciso cair por esse grito.

É o grito do guerreiro aniquilado sob o ruído de vidro extasiado toca de leve as muralhas fulminadas.

Caio.

Caio sem temor.

Liberto-me do temor no fragor da cólera, no solene vagido.

Neutro. Feminino. Masculino.

O Neutro era denso e fixo. O Feminino é estrondoso e terrível, como o vagido de um mastim fantástico, pesado como colunas cavernosas, compacto como o ar que cerca as abóbadas gigantes do subterrâneo.

Grito em sonho, tenho consciência que estou sonhando, em ambos os lados do sonho faço o meu desejo imperar.

Grito com uma armadura de ossos, nas cavernas da minha caixa torácica que, aos olhos atônitos de minha cabeça, adquire uma importância descomunal.

Com tal grito fulminante, é necessário gritar para cair.

Caio no subterrâneo e não saio, nunca mais.

Nunca mais no *Masculino*.

Disse: o Masculino não é nada. Mantém a força, mas me sepulta na força.

O exterior é um choque, uma larva de ar, um glóbulo sulfuroso que rebenta na água, o masculino, o alento da boca cerrada, e no instante em que se fecha.

Quando todo o ar atravessou o grito e quando não resta mais nada para o rosto.

Do colossal vagido do mastim, a face feminina fechada não se interessa mais.

Aqui começam as cataratas.

Tal grito que lanço *é* um sonho.

Mas um sonho que come o sonho.

Estou no subterrâneo, respiro, a caverna está entrincheirada por todos os lados.

Parodio o guerreiro assombrado, caído só nas cavernas da terra, gritando atacado pelo medo.

O grito agora lançado evoca primeiro o buraco do silêncio, que se estreita, em seguida o fragor da catarata, o barulho de água ordenado, o fragor está ligado ao teatro. É desta maneira que, no teatro verdadeiro, opera o ritmo quando compreendido.

Isso quer dizer que mais uma vez há *magia de viver*, que o ar do subterrâneo, extasiado, como o exército conflui da minha boca cerrada às narinas escancaradas, sob o terrível barulho guerreiro.

Significa que ao representar, o meu grito parou de rodar em torno de si mesmo, mas desperta o duplo de forças nas muralhas do subterrâneo.

Esse duplo está além do eco, é a memória da linguagem cujo segredo o teatro perdeu.

Similar à concha, apropriado para segurar na palma da mão, o segredo. Assim reza a Tradição.

Toda magia de existir transladou-se para um único peito quando os tempos se encerraram.

Tal se dará próximo do grito enorme, da fonte da voz humana, única e isolada voz humana, como o guerreiro que já não tem exército.

A descrição do grito que sonhei, para descrevê-lo através de palavras vivas, palavras certas e para fazê-lo passar não ao ouvido, de boca a boca, respiração contra respiração, mas para o peito do espectador.

Há uma diferença de grau entre a personagem que estremece em mim, enquanto ator, e aquela que sou quando avanço pela realidade, mas tudo é benefício da realidade teatral.

Quando vivo, não sinto viver. No entanto, quando represento me sinto existir.

O que me levaria a acreditar no sonho do teatro, se acredito no sonho da realidade?

Quando sonho, faço alguma coisa, e no teatro realizo algo.

Os fatos do sonho dirigidos pela consciência funda, ensinam-me o sentido dos acontecimentos da vigília para onde a fatalidade nua me conduz.

Mas [nesse] teatro em que oriento a fatalidade pessoal, cujo ponto de partida a respiração, em que se apoia, depois da respiração, no som ou no grito, torna-se necessário, para recriar a cadeia, a remota cadeia em que o espectador buscava no espetáculo a própria realidade, admitindo que o espectador se concilia com o espetáculo, na respiração com respiração, no tempo com o tempo.

Não basta que tal magia do espetáculo possa cingir o espectador, não o prenderá se não souber como fazê-lo. Basta de magia casual, de poesia que não possui mais ciência para ampará-la.

No teatro, a partir de agora, poesia e ciência hão de se identificar.

A emoção detém bases orgânicas. Ao cultivar a emoção no seu corpo, o ator alimentará sua densidade voltaica.

É [dessa] espécie inestimável de ciência que a poesia no teatro há muito se desabituou.

Portanto, conhecer os pontos do corpo é reconstruir essa cadeia mágica.

Com o hieróglifo da respiração pretendo redescobrir a ideia de teatro sagrado.

México, 5 de abril de 1936.

Posfácio

ARTAUD — *loucura, arte e gênio*

Jorge Henrique Bastos

"Nos nossos dias, o homem não possui outra verdade
senão a do enigma do louco que ele é e não é"
Michel Foucault
História da Loucura

Quando pensamos em Artaud, surgem de imediato figuras como Gérard de Nerval, Edgar Allan Poe ou William Blake. É inevitável inquirir a nós mesmos sobre os limites e as imperatividades entre criação e talento, arte e loucura, loucura e gênio. E os exemplos suplantam até o território eminentemente literário.

Tanto Freud como Jung tentaram esmiuçar a questão, sempre observando que é um enigma. Creio que, até hoje, o tema mantém-se inconcluso. Em Psicologia e Poesia,

Jung assevera: "O mistério da criação é um problema transcendental que a Psicologia não consegue explicar, apenas descrever. O mesmo acontece com o homem criador, é um enigma cuja solução pode-se tentar elucidar por vários caminhos, mas será sempre em vão."

A obra de autores como os acima citados estão nesta categoria. Existem como que para corroborar a frase de Jung. Porém, sem invalidar ou confirmar qualquer hipótese.

No caso específico do poeta, ator, dramaturgo, desenhista e roteirista francês, Antonin Artaud, é o exemplo categórico de uma obra que assombrou — continua a assombrar — a cultura francesa, não só, e disseminou sua influência atemporal. Ainda mais quando tratamos em particular deste livro.

Escrito entre 1931-36, e lançado em 1938, O Teatro e o seu Duplo não parou de provocar polêmicas e perplexidade desde então. Contudo, à beira de completar nove décadas após a sua publicação, o livro mantém sua originalidade, ampliando inclusive seu raio de ação sobre as novas gerações, e tal ocorre em várias partes do mundo.

Acentue-se que o ponto culminante do influxo deste livro sobre o teatro contemporâneo começou a partir dos anos 60 — apesar de já se evidenciar no trabalho de muitos dramaturgos —, quando a sua obra passou a ser analisada de modo detido por uma plêiade extraordinária do pensamento francês.

O que levou figuras como Maurice Blanchot, Michel Foucault, Jacques Derrida, Felix Guattari e Gilles Deleuze, por exemplo, a dedicarem tanta atenção a um autor que desde jovem foi atacado por crises nervosas e, ao longo de dez anos, internado em manicômios e tratado com eletrochoques?

Além disso, como as ideias de um homem considerado louco demarcaram as bases teatrais de dramaturgos como Peter Brook, Jerzy Grotowski, Eugenio Barba, o Living Theatre e até Tadeusz Kantor? E no caso brasileiro, a explícita influência no teatro de José Celso Martinez Corrêa?

Tais inquirições só suscitam outras perguntas, e nos lançam num dédalo que mescla fascínio, delírio e terror.

Fato é que Artaud continua vivo. Este genuíno deicida que não se cansou de causticar as estruturas da realidade, a expressão erudita e os valores estabelecidos. Sua ousadia maior foi propor novas formas estéticas, outorgando a legitimidade absoluta de culturas, antes consideradas inferiores, segundo a arrogância europeia, para que transformassem radicalmente a cultura ocidental. Por isso Artaud defende com total veemência tanto o teatro de Bali, como a cultura mexicana.

Outro aspecto que demonstra a atualidade do pensamento de Artaud é a sua defesa dos povos colonizados e a crítica feroz contra colonização europeia. Eis o exemplo atual e ativo da visão antecipatória do poeta francês.

Seguindo a perspectiva que forjou ao longo do seu percurso, Artaud decide exilar Deus e o Ocidente do tablado. O seu sistema solar de cena é reconstruído segundo uma mecânica atroz, reconstituindo a densidade visionária teatral num espaço mítico. Ele distancia-se com toda eloquência utópica do discurso dramatúrgico habitual, quer fundar e explorar outros territórios, num mergulho ousado e profundo que une corpo, pensamento e inconsciente.

Entretanto, é necessário proceder com cautela em relação ao que a sua clave demencial porventura apresenta. A transgressão ambivalente de Artaud pretende desencadear a insurreição completa, confrontando os poderes culturais, sociais, políticos e estéticos.

O teatro que Artaud propõe não se investe de qualquer aspecto imoral, gratuito, mas um teatro do excesso, da convulsão, da força não-verbal, da expressividade gestual, procurando justapor a lucidez reivindicatória que, segundo ele entendia, o homem ocidental perdera. Dessa maneira, estabeleceu preceitos peculiares delimitados pelo ritualismo remoto, à procura de anular o pai-teatral, como afirmou em carta a Jean Paulhan

> *"Todo nascimento implica uma morte. Para a minha crueldade nascer, será preciso cometer assassinato. Há que matar o pai da ineficácia no teatro: o poder da palavra e do texto."*

Creio que Artaud pretendia proclamar o teatro da liberdade, do abalo dos sentidos, da rebelião vital capaz de impactar o espectador de forma plena.

O seu ideário dramatúrgico exige despertar a percepção e a sensibilidade, de acordo com uma bateria de elementos processuais e recursos surpreendentes, revelando assim outra dimensão. É como se quisesse atingir uma realidade para além dessa realidade. O seu intuito é transitar entre o sonho e o sagrado, secundado por certa prescrição metafísica e ontológica. Sua defesa incontestável de um teatro elementar e instintivo é estabelecida como embate do psiquismo excessivo que o teatro europeu apresenta, daí a sua crítica aos valores do teatro clássico.

Com efeito, o Teatro da Crueldade torna-se então insurrecto em relação à cultura canônica, e libertador naquilo que sugere como diretriz ao ator. Ou seja, ele quer que se rompa a casca tradicional do que designa de civilização, e paramentar-se com outras epistemologias, sem ter em conta a crítica dos seus exegetas e dos agentes civilizatórios sempre a vigiar movimentos distintos, a cercear o aparecimento de linguagens inovadoras.

Numa passagem dos seus Diários, *a escritora Anaïs Nin, que era amiga do poeta, e viveu em Paris, recorda um fato esclarecedor, após conferência em que Artaud foi criticado pelos presentes no evento*

"Todos os outros tinham o que fazer e nos separamos à porta da Sorbonne. Eu e Artaud seguimos sob a chuva fina, por ruas escuras e extensas. Se sentia magoado, bastante afetado e incomodado com o escárnio. Espumava de cólera: querem uma conferência objetiva sobre Teatro e a Peste, mas eu quero dar-lhes a própria experiência, aterrorizar-lhes, quero que despertem. Quero fazê-los despertar. Não compreendem que estão mortos. *Se a*

morte é total, como a surdez, a cegueira, mostrei-lhes a agonia, a minha, sim, e a de todos os vivos".

Isto explica um pouco a radicalidade do autor que exercitou o látego estético continuamente sobre a razão ocidental. Não cabe aqui avaliar se conseguiu realizar o seu intento, se o que defende é ou não atual, se ainda há sentido na prática deste teatro, sobretudo numa época marcada pelas imposições pragmáticas que transformam tanto o cinema como o teatro.

Talvez seja precisamente por este fator que o teatro de Artaud prevaleça, com a pulsão que lhe é inerente, face às artificialidades de um mundo em estado de hipnose pelo canto das sereias tecnológicas.

O seu sacrifício, a sua imolação, conforme via Blanchot, é a sua obra permanecer entre nós, para além de nós.

Sobre o autor

ANTONIN ARTAUD
nasceu em Marselha, em 1896, e morreu em Paris, em 1948. Foi um artista multifacetado: poeta, ator, escritor, dramaturgo, roteirista e diretor de teatro. Ligou-se ao surrealismo, mas rompeu com o movimento por discordar de sua adesão ao comunismo. Em 1935 Artaud conclui *O teatro e seu duplo*, um dos livros mais influentes do teatro desse século. Para ele, o teatro era um ritual que revelava a verdadeira realidade da alma humana e das condições em que vive. Inspirou vários diretores e grupos teatrais

que buscavam renovar a linguagem cênica e questionar os valores culturais dominantes. Entre eles, podemos citar Peter Brook, Jerzy Grotowski, Eugenio Barba e o Teatro Oficina no Brasil.

A obra de Artaud tem sido estudada também por aqueles que se interessam pela relação entre arte e psicose.

A vida de Artaud foi uma vida de dor, de pobreza e de loucura. Teve problemas mentais, como depressão, alucinações e delírios. Em 1937, foi internado em um hospital psiquiátrico após um surto na Irlanda. Passou os últimos onze anos de sua vida em diferentes instituições psiquiátricas, onde foi submetido a cruéis tratamentos, incluindo eletrochoques. Morreu em 1948, aos 51 anos, em Paris.

Imagens

Desenhos por Antonin Artaud

Sans titre [fevereiro 1948], página 8

Etude de costume de théâtre [1922], página 18

Sans titre [fevereiro 1948], página 92

La Pendue [Janeiro 1945], página 104

Le Théâtre de la cruauté [março 1946], página 110

Manuscrit [sem data, frag.], página 132

L'Être et ses foetus... [janvier 1945, frag.], página 164

Poupou rabou... [décembre 1945], página 176

La Projection du véritable corps [novembre 1946, frag.], página 184

Autoportrait [1921], página 197

CADASTRO
ILUMI//URAS

Para receber informações
sobre nossos lançamentos e
promoções envie e-mail para:

cadastro@iluminuras.com.br

A *Iluminuras* dedica suas publicações à memória de sua sócia Beatriz Costa [1957-2020] e a de seu pai Alcides Jorge Costa [1925-2016].